高校教育与教学创新研究

戴雅娜 著

中国原子能出版社

图书在版编目（CIP）数据

高校教育与教学创新研究 / 戴雅娜著. —北京：
中国原子能出版社，2023.6（2025.3 重印）
ISBN 978-7-5221-2747-7

Ⅰ. ①高… Ⅱ. ①戴… Ⅲ. ①高等学校–教育研究②
高等学校–教学研究 Ⅳ. ①G642.0

中国国家版本馆 CIP 数据核字（2023）第 100584 号

高校教育与教学创新研究

出版发行	中国原子能出版社（北京市海淀区阜成路 43 号 100048）
责任编辑	蒋焱兰
责任校对	冯莲凤
责任印制	赵 明
印 刷	北京天恒嘉业印刷有限公司
经 销	全国新华书店
开 本	787 mm×1092 mm 1/16
印 张	12.75
字 数	210 千字
版 次	2023 年 6 月第 1 版 2025 年 3 月第 2 次印刷
书 号	ISBN 978-7-5221-2747-7 定 价 76.00 元

发行电话：010-68452845 版权所有 侵权必究

前　言

随着经济全球化的发展，沟通与协作成为国际主题，各国文明在不断碰撞和交互，呈现多元化、融合性的趋势。在国际经济、政治、文化频繁互通的过程中，综合性人才的重要性日益凸显，人才的竞争也越来越激烈。教育是解决人才竞争的关键手段，是民生发展的首要关切问题，更是民族复兴、国家发展的重要基石。现如今，教育的发展水平已成为衡量一个国家综合实力和发展潜力的重要标志。很多国家都意识到教育的重要性，中国更是将科教兴国作为一项基本国策。在我国教育体系中，高校教育是教育不可缺少的组成部分，是培养优秀人才的重要途径，是实现中华民族伟大复兴"中国梦"的重要保障。在国家教育优先发展战略的指引下，高校教育不断改革、不断探索、不断超越，取得了一个接一个历史性、阶段性重大进展，为国家经济发展、文化繁荣、科技创新做出了突出贡献。

高校教育的实施和发展离不开教学的支持。在当今大发展、大变革、大调整的时代，高校教育面临着前所未有的发展机遇，也面临着巨大的挑战。传统的高校教育教学理念和模式已不能适应当今时代的发展，也无法满足当前人才培养的需求。因此，高校教育教学亟待改革和创新。创新是一个民族进步的灵魂，是一个国家兴旺发达的不竭动力，更是国家竞争力的核心要素。因此，高校应该更新教育教学理念、拓展教育教学结构、丰富教育教学形式、增强教育教学实践、全面提升学生的综合能力，不断为中国特色社会主义建设输送更多创新型人才。基于此，笔者在总结前人研究成果及自身多年教学经验的基础上，系统梳理了高校教育与教学创新的相关知识并编纂了此书，以期能够为高校教育与教学创新研究提供有益借鉴。

本书共分八章。第一章主要从我国高等教育的发展历程入手，分析了高校教育的本质属性和任务，论述了现代大学的性质与功能，探讨了现代高校

1

教育理念的创新发展，为高校教育以及教学研究提供了理论指导。第二章到第四章主要探索了高校教育的相关知识。具体而言，分析了高校教育质量保障体系的相关概念、国外高校教育质量保障体系的经验及的启示，论述了政府、社会、高校与高校教育质量体系，论述了高校教育质量评估体系的构建；分析了高校教育管理的内涵、价值、类型、过程等，探讨了校教育管理创新的现实困境与策略；阐述了高校教育与大学生创新教育，重点探讨了创新能力培养和大学生创新实践。第五章到第七章进一步论述了高校教育与教学创新问题。具体来说，分析了高校教育与教学创新技术，即物联网技术、现代信息技术、大数据技术、云计算技术；论述了高校教育与教学模式创新，即翻转课堂教学模式、智慧课堂教学模式、对分课堂教学模式、混合式教学模式；探讨了高校教育与教学策略创新，即微课、慕课、雨课堂的运用。第八章探索了高校教师信息化教学能力发展、专业发展等问题，为高校教育与教学创新提供了保障。

在写作过程中，笔者查阅了很多国内外资料，吸收了很多与之相关的最新研究成果，借鉴了大量学者的观点，在此表示诚挚的感谢。由于高校教育的不断发展性以及教学创新的复杂性，再加上笔者能力有限，书中难免存在不足或遗漏之处，请广大读者批评指正。

目　录

第一章

高校教育概述

教育功在当代、利在千秋。实现中华民族伟大复兴，推动国家社会主义现代化建设，必须牢牢抓住"人才"这一关键点和基本点，而教育是培育人才、振兴民族的根本途径。国家为满足科研教育和人才培养需要，着力打造世界一流大学和高水平大学，这不仅事关国家教育体系的建设方向，也直接影响到当前国家综合实力的发展水平。具有高质量办学水平的高校是培育综合素质人才、尤其是具有科研能力和创新意识人才最主要的场所。近年来，随着中国教育改革的推进，教育层次得到了显著提高，人民的整体文化素养呈现积极向上的态势。本章主要对高等教育的基础理论进行阐释，包括高等教育的发展历程、本质属性和任务、现代大学的性质和功能以及对现代高校教育教学理念的创新。

第一节　我国高等教育的发展历程

一、开端阶段

大学出现是在中世纪后，伴随着欧洲手工业和商业的繁荣发展，在城镇中，已初具规模的商人和手工业者联合建立了行会。这些行会就是未来专门教授神学、法律、文理等课程的学校雏形，大学就是在这些学校的基础上形成的。大学的主要目的是职业训练，培养专业性应用型人才。

我国最早的近现代高等院校（新式学堂）是为了培养具有翻译技能、现

1

代军事技能的人才，而由洋务派主持建立的。洋务运动时期，学校培养翻译人才的有京师同文馆、广州同文馆；培养海军人才的有福建船政学堂和天津水师学堂；培养陆军人才的有天津武备学堂、山西武备学堂和湖北武备学堂。该时期的教育体系与 18 世纪—19 世纪西欧的高等教育相类似，培养的人才是我国急需的应用型人才。由此可见，高等教育的初建目的就是为了培养应用型人才。

二、初次发展阶段

新中国成立后，国家以整顿、接收、合并等途径逐步实现了对教会学校和私立学校的改造。1952 年，针对高等教育，国家广泛采取了"院系调整"的方式，使高等教育正式全面实行计划管理，形成了中央调控、国家办理的高等教育管理机制。高校借鉴苏联的人才培养模式，确立了以培养符合国家经济建设的专才培养目标。在此时期，高校的分布由不平衡开始趋于合理。基本形成每个省份包括边远地区都有一所综合性大学和工、农、医、师等专门学院，极大改善了我国教育分布不均衡的现状，促进内地经济的发展①。这一阶段高等教育所输出的专业人才符合了社会主义建设的需要，在各个领域都具有相当数量的初步人才储备。尤其是在此时期基本完成了对机械、土木、化工、电机、通信等领域人才培养机制的构建，为中国后来高等教育的工科布局和工业化进程带来极大的促进作用。1949 年，中国科研工作者仅有 5 万人，而到了 1966 年，这一数据则上升至 250 万人。大量的科研人才投入社会主义建设的各个岗位，尤其是苏联撤回其在华专家后，这些科研工作者迅速填补空缺，以艰苦奋斗、自力更生的精神推动着中国科技、经济的迅速成长。

三、发展停滞阶段

1966—1976 年，高校从各个单位推荐的具有生产工作经历的工人和农民中选择学生，这批学生被称为"工农兵学员"，目的是加强其理论文化教

---

① 张晶. 应用型人才培养典型问题的调查［M］. 北京：中国财富出版社，2017：9.

育，并在教育后再回归生产实践。工农兵学员能否入学并不以教育层次和知识掌握情况为考察条件，而是以家庭成分、政治觉悟、思想进步作为衡量标准。很多是初中甚至小学文化水平。这一时期培养的大学生实践能力较强，但理论知识缺乏。这一时期知识分子地位低下，高等教育的发展进入停滞阶段。

四、快速发展阶段

高考制度在 1977—1978 年之间开始逐步恢复。在这一时期，中国高等教育进行了体系和制度的探索构建，无论是办学模式还是人才培养都与之前有了较大转变，并直接影响到了中国的经济、政治建设，为此后高等教育的现代化做了铺垫。中国高等教育日益兴盛，走出相对孤立的状态，开始形成开放、包容、联合的局面，由此进入快速发展阶段。

1985 年，《中共中央关于教育体制改革的决定》（简称《决定》）的发布标志着中国教育体制改革真实进入轨道。《决定》中明确阐释了中国新时期"教育必须为社会主义建设服务，社会主义建设必须依靠教育"的教育方针，宣告 1958 年"教育必须为无产阶级政治服务"的主张就此落幕。

高等教育体制受到教育体制改革的影响，渐渐由政治导向变为对社会经济的强调与关注。这一时期在校学生由 1977 年招生 27 万人增加到 1998 年的 108 万人，并从以下五个方面进行了体制化变革。第一，办学体制的变革。由政府作为唯一的办学主体，逐步改为政府作为主要的办学主体、社会其他力量共同参与、办学主体呈现多样化的局面，这一变革为中国民办教育的兴起提供环境。第二，管理体制的变革。由国家"面面俱到"的严苛管理模式，转变为由国家进行顶层设计、统筹管理，学校按照法律和政策自主办学的模式。第三，经费筹措体制的变革。由国家财政包干制转变成国家与个人按比例共同承担费用的体制。第四，就业体制的变革。由以往毕业生分配工作转变为学校推荐、学生自主择业、用人单位自行招聘的方式。第五，教学体制的变革。由学校原本侧重专业培养的孤立教学形式，转变为广泛开展各学科关联教育和综合能力的提升，并实行学分制度。

五、大众化阶段

随着改革开放的不断深化，中国社会经济迅速发展，对人才的需求急剧增长，作为人才供应地的高等教育也呈现飞跃发展的态势。1999 年，中国高等教育全面进入高速发展阶段，高等教育已覆盖 2 000 万人，居世界首位。2015 年，高考招生人数达到 567 万，是 1998 年扩招前的招生人数（108 万）5 倍有余，高等教育已覆盖 2 500 万人。2022 年，高等教育在学总规模已达到 4 655 万人，高等教育的普及率进一步提高。中国高等教育的扩张式发展，使高等教育不再是少数人的教育，而发展成具有广泛基础的大众化教育，高质高效地达到了很多国家经过几十年才能完成的高等教育大众化目标。

高等教育的发展理论上是一个自然经历的渐进性历程，但由于某些特殊的因素或特定的历史环境条件，也是有概率出现大跨步的突破。中国高等教育普及率的提升无疑就是一种跨步突破，经过多年扩充招生，中国高等教育的规模持续增大，堪称教育文明史上的典范。美国高等教育自 1901 年起，四十余年方实现大众化；英国自 20 世纪 60 年代开始，历经十余年终于将高等教育由精英推向大众；日本同样于 20 世纪 60 年代起，直至 70 年代中期才完成高等教育的大众模式。而中国仅用几年时间就实现了诸多发达国家需要的十几年、几十年才能达到的高等教育大众化水平，无疑是高等教育大跨步突破的最好例证。

而与此对应的是，在高等教育呈现"量"的突增的同时，"质"也发生着前所未有的改变。即数量增长必然导致高等教育体制、结构、功能、质量、学术标准、入学条件、教育教学模式等一系列变化[①]。换句话说，高等教育的大众化并不停留在表面的数量扩张、生源比率的提升和学生结构的改变等方面，而是更深层次、更实质性的教育教学观念、意识及实践活动的进化，使不断上升的毛入学率与教育大众思想的有机结合。中国尽管快速地进入了高等教育大众化的发展时期，但教育教学思想仍然处于较为保守的层面，未能从精英教育的认识中蜕化而出，使教育机制在一定程度上滞后于人才培养需求。

---

① 张晶. 应用型人才培养典型问题的调查［M］. 北京：中国财富出版社，2017：9.

第二节 高校教育的本质属性与任务

一、高校教育的本质属性

从价值观角度，即从教育具有的社会价值、教育的功能和作用来判断高等教育的属性。

教育指向的对象是"人"，其围绕着人的身心健康、稳定、全面地发展这一根本要求进行实践活动。

同时，教育是一种社会活动。教育产生于社会生活，并在其作用下，将生物意义的人培养成社会人，教育的发展又受到社会发展的影响和制约。因此，教育是产生于人类社会，又反向促进人类社会的发展。

人类实践活动的一个主要特性就是能够进行教育活动。人类认识世界、改造世界过程中总结了大量知识和经验，将这些知识和经验通过生物遗传以外的方式进行传承和传播就是教育的过程，即"教育遗传"。

基于上述三种观点，就形成了三个教育的本质属性，即个人本位、社会本位和文化本位。

（一）个人本位论

个人本位论，指的是以个人发展需求为中心制定教育目标并进行教育实践的理论。古希腊智者派是该理论最初的拥护者，智者派对社会制度的权威性持否定态度，摒弃社会制约，主张人是衡量万物的标尺，侧重人的自由与尊严，认为教育并非以国家和社会的发展为本质，而是以塑造人、尊重人的个性发展为根本，个人价值高于社会价值。

而真正使个人本位论成为完整系统的理论的则是卢梭。卢梭敏锐地发现并总结了儿童自然成长阶段的教育规律。卢梭为近代教育思想奠定了理论基石，近现代的教育家在不同程度上都是卢梭教育思想遗产的继承人。

罗素继而把个人本位论深化至精神道德教育的层面。其主张运用各种方式提升个人的道德境界和思维理性是教育的一个重要目的，个体需要将道德由观念逐步投射到行为上并形成习惯，使自身具有良好的心智和端正的举止。

虽然个人本位论者对教育的具体主张也存在一定的分歧，但从整体上看，他们都认同教育是围绕人的塑造而展开的活动，人是教育的中心和根本，教育既要以人为出发点，也要以人为立足点，所实施的所有教育行为都应当符合人成长和发展的规律。个人本位论将个人发展推向至高无上的地位，教育负责帮助人的天然能力和机体得以顺利运转和发展，教育应当按照个人发展需求采取相应的策略。

（二）社会本位论

社会本位论认为应当按照社会需求确立教育目的。该理论主张个人依靠社会才能得到发展，同时接受社会制约，没有所谓的完全个体的人，存在的是人类这一群体。人区分于其他生物为人，是源于人在人群中的生活与定位，成为社会中的一员，人的一切都离不开社会。

随着资本主义的发展，社会化大生产成为最主要的生产方式，科学技术日益显现出其社会作用，社会分工的细化和劳动的集约化发展极大地促进了社会科学的发展，社会作为人类活动最基本的群体关系越来越显示出其特殊而又重要的作用和地位。在这种社会背景下，法国著名教育学家、教育社会学的创始人涂尔干集前人研究之大成，主张社会本位的教育观点。涂尔干最初运用"结构功能主义"对教育社会学进行探索，社会构成和秩序通过教育途径实现再生产，教育帮助尚未具有社会经验的年轻人实现"社会化"，促使年轻人在自身独有性质之外还能获得社会成员都具有的共同点。教育科学的功能是认识和理解教育实践，侧重以科学的方法分析教育，为此，教育理论的基石包括社会学、心理学和二者的结合，教育学必须汲取社会学的观点和方法。

在社会本位论的主张里没有全然独立于社会的个体人，人是具有社会属性的动物，不在社会环境中的人就不具有意义，人的成长完善和价值体现都需要依靠社会进行。教育就是使人完成社会化的工具，个人是教育改造前的"素坯"，本身没有影响教育理念的能力。通过教育，使人发展成社会成员，进行社会实践，从而建设社会。教育的过程就是把社会的价值观念或集体意识强加于个人，把儿童从不具有社会特征的人改造成具有社会所需要的个人品质的"社会新人"①。所以，教育没有社会化以外的其他目标，教育成果也是由社会机能进行评估的。

（三）文化本位论

德国的教育学家施普兰格从个人本位与社会本位论的争论中另辟蹊径，提出了"文化哲学"的概念。施普兰格的"文化"概念是指人类适应和改造环境的过程中所表现出的能力及其结果。通过总结他的观点发现，文化和个人同属精神范围，是不可分离的，但是个人是主观精神，文化是客观精神。"文化哲学"的理念将文化置于超越人类个体结构的地位，是客观的精神，而人类个体则是主观的精神，必须与文化建立关联方能够存在。人类个体的生活须受文化的支配和制约，但是人类个体对文化的依存关系不是一种因果关系，文化并不必然促使人类个体的成长与完善。文化对人类个体的作用需要该个体本身具有感悟与认知能力，否则文化就是潜在的、死的精神内容，个人可以通过其创造性活动来推进和发展文化。

教育的文化繁殖是一种精神繁殖，而不是生物界的生理繁殖。精神繁殖就是指精神文化的进步离不开教育过程，教育不断地把上一代精神传达给下一代。教育事业一旦停止，则精神文化会逐步消失。教育对个体而言是使未成熟者顺化于社会文化，对社会而言是使历史上已形成的文化得以保存。施普兰格同时又明确指出教育具有创造文化的作用。

通过文化本位论能够发现，文化是个人"外化的"经验，是社会形成和发展的基础，教育最根本的作用就是促进和推动文化的传播和发展，无论对个人还是对社会，教育的全部内容都是文化，离开了文化，教育也就无从谈起②。所以，教育所囊括的层面归根结底就是文化所囊括的层面，教育的目标、理念、发展方向也都由文化所决定。

---

① 陈晔. 新时期高校教育管理实践研究［M］. 北京：现代出版社，2019：2.

② 杨德广. 高等教育学概论［M］. 上海：华东师范大学出版社，2002：52.

二、高校教育的主要任务

（一）培育高质量专业人才

大学从诞生起发展至今，培养专业性人才始终是其最为根本性的任务和职责。由大学通过高等教育将大批社会成员培养成具有较高知识文化水平的人才，使之反哺社会、助力社会的进步。中世纪大学的办学模式，一开始就具有一定的专业性，注重培养社会所需的法官、牧师、医生等高级专门人才。所以，高质量专业人才的塑造可以说是大学甫一形成就具备的功能，并且从中世界一路发展至今，现代大学即使在教学内容、体制方面发生了翻天覆地的变化，但高质量专业人才的培养始终是其主要职能之一。

现代大学培养着社会上各行各业所需的高级专门人才，培养人才的规模、类型、模式不断地发生着变化。大学是启迪、开发、创生、涵养、解放人性的场所。大学以其教育理念、办学思想、价值取向和文化氛围引导着一代又一代兼具智慧和努力、思想和信念的青年学生构建自我、挖掘个人价值。通过大学，青年学子能够触碰自然和社会的本真，能够探索自身博大的精神世界，能够拓宽思想维度和认知视野，还能够使自己尚未成熟的意识渐渐臻于成熟，实现从认知水平片面到全面的转变。

人接受高等教育之后，除了具备学识、知识、技能、信息甚至金钱等外在优势，还必须使自己的修养、品德、思想、性情等内在境界得到提升。教育家洪堡曾经说过，大学应以全面发展个人的能力与个性为教育目标，使学生能够成为可以对自己的尊严、教养、自由具有认识的公民。

现代社会，大学如何振兴人文精神、促进人的全面和谐发展是一个亟待解决的问题。1984 年，《挽救我们的精神遗产——高校教育人文学科报告》由美国人文学科促进会发布，该报告称人文学科是记录着先哲们话语、思想、文字的载体，人文学科展现了人类在自己的文明里，对有关人的基本问题做出了何种持之以恒的探索和努力。

（二）满足社会发展的需求

为了满足社会发展的需求，高校采取了多元化、多维度的途径与方法。从宏观角度来看，前文提及的培养高级专门人才和推进科学技术发展都是服务社会发展需要的主要途径。

从古代到近代，学校始终是思想和精神最为活跃的高地，承担着研究和探索知识的职责。高校犹如一座相对独立的岛屿，与社会这片大陆有着联系却也有着距离，并不直接作用于社会的发展。

直至 19 世纪末、20 世纪初，美国高校开始逐渐与社会对接，而此时，这一现象仅仅被认为是美国州立大学的教育特点之一。1862 年，《莫雷尔法》由林肯签署并颁布，这一法案要求联邦政府根据 1860 年确立的名额，有一位国会议员的州将得到联邦政府划拨的 3 万英亩土地或价值相当的土地期票，作为农业和机械工艺学校的建设用地，以推动地方农工人才的培育——史称"赠地学院"。到 1922 年，美国共新建和改建了 69 所接受土地的高等学校。高校自此面向社会教授农业及工业相关知识和技能，同时，还逐渐对社会开放了经济、医疗、教育、管理等方面的咨询服务，拉开了高校直接与社会需求相对接的序幕，也是从这一时期开始，高校具备了新的任务——满足社会发展需求。

经过第二次世界大战，各国对高校教育和社会发展之间的关系有了更深层的理解，尤其是在政治、经济、科研、文化、医疗等方面，高校所具有的巨大潜能，可以直接投射到社会建设之上，成为社会发展的助力。

满足社会发展需求是高校教育伴随社会进步所必然承担的任务。人类社会不断转型，特别是从工业社会向信息社会迈进的阶段，社会对专业人才的需求超过以往任何时期，知识与科研的精深、文化与思想的创造都直接刺激了高等教育对人才的培养和输送。

而且高校在满足社会发展需求的同时，也在满足自身发展的需求。高校在与社会各领域合作的过程中，能够实现从理论到实践的跨越，了解相关行业的一线发展态势，并根据社会实际需求调整育人策略、教育规划和科学目标，使校园知识不至于在社会中束之高阁；能够配合社会实践拓宽高校教学内容，使教学更加多元化；能够推动科学技术的探索和科学成果的落地，开发出具有实用价值和商业价值的产品，强化自身的社会宣传和经济价值，为高校吸引优秀的师资和生源。

当前，高校对社会需求的满足可以说已覆盖各行各业，无论是政治、经济、医疗还是科技、文化、体育，无论是政府系统还是民间企业、个体，都能看到高校所提供的服务。相应地，服务方式也愈加多元，较为常见的有以下几种：第一，教学服务，包括委托培养、推广教育及举办技术人才培训等；第二，科技服务，包括科技成果转让、技术咨询等；第三，信息服务，包括利用高校数据库、图书资料等为社会服务；第四，装备服务，包括利用高校精良的装备，如仪器设备、实验室、测试中心、电教中心、计算中心等向社会开放[①]。高校通过教育教学、科研成果、技术支持等诸多方式为高校服务社会的途径和方法。

第三节　现代大学的性质与功能

一、大学的理念

高等教育主要通过大学来完成，高等教育的目标与任务也是主要通过大学得以完成和实现的。因此，大学在高等教育中有着极为重要和特殊的地位，大学教育的成功与否将直接影响高等教育的成败。成功的教育决定于成功的教育理念。

所谓理念其实是思想意识领域的一类概念。所以与意识一样，理念也来自实践、形成于人脑并能够反作用于实践，是具有体系化、稳定性的意识总结。教育理念指的是有关教育发展的一种理想的、永恒的、精神性的观念，它反映对教育的本质看法，从宏观上回答为什么要办教育、怎样办教育等问题要研究大学教育，有必要选择大学理念作为切入点。大学理念包括大学的目标、属性、职能、任务等层面，分析大学发展与社会发展中所处的定位，

① 冷余生，解飞厚. 湖北省高等学校师资培训中心组编. 高等教育学 [M]. 武汉：湖北人民出版社，2006：24.

从本质上探究大学是什么、具有什么性质，体现社会成员对大学的态度。

一般认为，现代大学的理念通常包括人才塑造、科学研究以及满足社会需求，分为教科和服务两个方向。当代大学教育的发展和经济全球化的影响，跨国间的学术交流和人才交流日益频繁，大大促进了多元文化间的理解与合作，因此有人提出文化交流（有人也称之为国际化）是新时期的大学新理念。

在现代大学建设中，有些人热衷于追求"高、大、全"，即楼房高、规模大、学科全。这是一种片面的理念，必将误导教育事业的健康发展。大学的特点主要包括：第一，大学有大师——师德高尚、造诣精深、诲人不倦的高素质、高水平的教师；第二，大学有大业——校舍充足、设施先进、资料丰富的优质资源；第三，大学有大度——囊括大典、海纳百家、学术自由的大学涵养；第四，大学有大雅——追求真理、校园文明、美化人生的大学氛围；第五，大学有大爱——爱祖国、爱人民、爱教师、爱学生，人人都有一颗爱心；第六，大学有"大学生"——关爱学生，尊重学生，培育好每个学生，促进学生全面发展。

二、现代大学的性质

（一）科研性

作为学校，大学的根本在于对学问知识的探索，是学术生长与交流的主要场地。大学通过自身的职能，创造知识、传递知识、完善知识。而对于现已形成的知识体系应当以何种方式认知、传播、使用，存在多种认识和分析，特别是对将来知识的发展方向，由于其暂时的未执行而出现了不同角度的预测或推断。此般种种都应当深入挖掘和研究。

从整体上看，大学主要在以下三方面体现了其学术性。

第一，体现在大学本身对学术的追求、研究和挖掘上。正所谓学术没有国界，科研永无止境。大学要尽最大的努力为教师和学生营造思维活跃、思想自由、民主包容的学术氛围，使教师和学生可以没有后顾之忧地沉浸在知识和科研的探求之路上。同时，应当削弱权威的影响力，即降低领导权威、行政权威、学术权威、管理权威等对教师和学生思维的桎梏，树立学术上大胆求真、勇于质疑的观念，培养自主思考、独立创新的能力，而不是依附"成品"拾人牙慧。

第二，体现在大学教师自身的学识素养上。大学教师的根本职责与使命是教书育人，为学生教授知识，带领学生进入科研殿堂。但除此之外，作为高等教育的传播者，自身必须具备良好的科研能力，方能够言传身教地实现教学目的。教师不亲自投身于学术探索，就无法发挥自身的主观能动性活化教育教学工作，也就无法激励学生的创造力和主动性。大学教师应当避免使自己陷入照本宣科的教学模式或者仅仅使自己成为一个单纯的知识纽带。教师需要通过学术和教育研究工作，打通连接理论和实践的路径，以社会发展需求为指向，全面运用学校和自身所具有的科研优势进行学术研究。大学教师身负教育和科研两项职责，这两项职责并不是泾渭分明的，而是相互联系、相辅相成的。或许在特定阶段，教师需要更加倾向于其中一项职责，但这也并不意味着对另一项职责的放弃。为了深入学术研究，做好科研工作，大学特别是具有专业优势的大学，应当以教师为主要成员构建一支以学术和科技研究为重点的科研团体。由于科研的特性，无论是脑力、体力、意志力，还是时间投入，都需要极高的标准，这也意味着并非全部的大学教师都适合进入这支科研团体。大学所挑选出的科研团体，应当偏重科研，但不能完全放弃教学，可以根据实际情况，安排团体内的教师承担研究生和本科教育或举办主题讲座等。

第三，体现在学生对科研学术活动的参与性上。大学生尤其是研究生是一支充满朝气和活力、思维敏捷、精力充沛的科研力量[①]。教师应当充分调动学生对科研的主动性，激励学生乐于求知、勇于突破，积极投身于科研工作。学校可以选择适合的教师担任高年级学生的科研导师，引导学生参与到学术研究中，与导师一同进行科研课题工作。学校还可以为学生举行各种学术交流活动、科研实践项目，邀请本校和外校的学者、专家做学术报告，为学生搭建能够展示其科技创新思维的舞台，使学术与科研在校园内蔚然成风。

---

① 陈晔. 新时期高校教育管理实践研究 [M]. 北京：现代出版社，2019：13.

（二）综合性

大学、专业性学院、专科学校、高等职业学校、继续教育学校、高等教育自学考试辅导学校等都属于高等教育机构。本节所探讨的现代大学主要指的是具有国家规定的学科三门以上、可以培养本科及以上学历的院校，这类大学显然具有综合性特质。

大学是人才培养和输送的主要阵地，社会所需求的高等人才基本来自大学。现代社会愈加强调人才的综合素养，单维定向的知识结构已经难以满足社会经济的要求。计划经济体制以固定岗位、固定技能、固定工作为主，因而更倾向于一门专精技术或学科的人才培养；但市场经济的发展和产业结构的调整，打破这种一成不变的工作模式，人员面临更多岗位甚至职业的变化和选择，工作所涉领域也更为广阔，只具备一项专业技能已难以适应当前的社会人才需求，必须培养综合素质和学习能力较强的复合型人才。

当今社会发展趋势决定了跨学科和学科融合的教育倾向，很多新出现的学科是由两门或多门学科交叠、交融而形成的。现代化的进程使单维度的知识面临挑战，而使复合结构的知识却应运而生。大学在这一背景下，以为国家和社会输送人才和科研成果为目标，应当注重对学生综合素质的提升和复合结构的知识的培养。科研是推动国家和社会发展的原动力，而大学是创造科研、传递科研的主要阵地，大学本身应储备丰厚的知识、具有活跃的创造力，才能够源源不断地哺育学子，培养出具有复合结构知识体系和较强创新能力的综合人才。

相较专门性的院校，具有综合性的大学，即设置了文、社、理、工、医、农等学科或多科的大学，更适宜帮助学生构建复合知识结构。这类大学的教育模式也往往具有综合性的特点。综合性大学从学科角度来看，是具有多种学科门类的大学，可若教育模式仍然坚守唯专业论，仅设置专业相关课程的教学工作，而将基础公共课、相关学科、人文或科普教育等边缘化，同样不能称之为真正的"综合性"大学，也难以体现"综合"的现实意义。综合性大学的一个显著特点即能够设置可达百门、涉及各种专业的学科课程。学校在规划教育教学方案时，需要注意以培养学生的综合能力为目标。这就要求学校应当科学配置专业类课程与基础公共课程、选修课等的比重，使学生在接受专业教育的同时，广泛接触更多的知识种类，实现各学科的融会贯通。所有学生，无论其所属专业，都需要具备一定的人文科学和社会科学素养，理解自然科学和部分工程科学的基础知识，以艺术提升审美，以体育强健体魄，形成正确的世界观、人生观、价值观。

具有综合性的大学还具有与其他学校进行学科交流共建的机会，并由于自身知识体量大，能够承担规模较大或难度较高的科研任务，可以与社会其他行业对接并提供智力支持。而在大学满足社会发展需求的过程中，大学自身也通过实践与信息传递更新知识库，激发了创造力。

具有综合性的大学与综合性大学的概念并不完全重合。具有综合性的大学囊括了具备多专业的普通大学，只要在学科、教学模式等方面体现出综合、复合的特点就可以认为其具有综合性。综合性大学是一种有数量限制、具有一定特殊性的大学，国家和地区设置的综合性大学通常只占区域内全部高校的十分之一。处于世界顶尖地位的综合性大学也并非所有专业都是佼佼者，而是部分专业具有领先优势。被贴上"一流""名牌"标签的大学，主要依靠的是"一流"的教师资源，其中的教师通常思维较活跃、知识储备深厚，本身具有较高的综合能力，如此方能够引导学生构建复合结构的知识体系。

此外，即使是非综合性大学，如特定专业的院校、高职院校等，也需要从跨学科视角帮助学生扩展知识结构，避免孤立、封闭的教育模式。学校应当为学生设置能够提升人文素养、科学知识等的基础公共课、选修课及专业相关课程。构建学生的复合知识结构、塑造综合性人才，是大学发挥其综合性作用的目标与职责。

三、现代大学的功能

现代大学的发展与社会发展和需求、国家政治方向、经济发展水平、科技和文化等息息相关。大学是为社会输送高质量人才的场所，承担着重要的教化责任，因此其功能是由当前世界形势决定的。21世纪已经迈入了全球信息化时代，国家与国家之间的距离在不断缩小，多样的文化开始不断碰撞。在这样的发展趋势下，现代大学逐渐分化出教育、科研、服务、交流等四大功能。

（一）大学的教育功能

大学的教育功能可以分为两部分。一是要传授学生基本的知识，让他们可以获得相当程度的知识与技能储备，比如基础的知识、专业领域的基础知识、专业中精细赛道的高级知识、与专业相关的技能等。二是要对学生进行思想道德教育，帮助学生建立正确的三观，做一个符合道德规范的人。传授知识是教会学生如何凭借自己的能力在这个社会生存，思想道德教育是教会学生如何成为对社会有用的人。现代大学需要教育学生树立正确的人生目标，培养一定的社会责任感，可以为社会发展贡献自己的力量。当前判断一所大学的教学质量，需要参考这所学校的毕业生对社会所做的贡献量。

大学需要发挥其教育功能还必须要有高质量的教师团队。教师作为与学生直接接触的教育人员，一言一行对学生都可能有重要影响，因此学校要紧抓教师质量，对教师的言行进行严格考察。教师不仅需要掌握扎实的专业知识，还需要有高尚的品格，对自身有一定的要求，对待学生有耐心且热爱教师行业，可以及时指导学生的思想，引导学生情绪。

（二）大学的研究功能

大学的研究功能首先应体现在大学对学术的执着探索和追求上。知识无国界、学术无禁区。学校要创造民主、宽松的环境，鼓励教师、学生勤奋学习，大胆探索。在坚持四项基本原则的前提下，遵照"百花齐放，百家争鸣"的文化方针，解放思想，勇于创新。在学术问题上"不抓辫子、不打棍子、不戴帽子"，让广大教师、学生在知识的海洋里尽情地遨游和钻研，并且有安全感；要淡化权威，即淡化领导的权威、淡化学术的权威，提倡在真理面前人人平等，在学术面前人人平等，不要有任何条条框框束缚教师、学生的思想和手脚。提倡敢于打破"禁区"，勇于追求真理，一切以实践作为检验真理的标准。

现代大学的研究功能还应该体现在教师是集科研与教学于一体的人才。大学教师的主要任务是教导学生，让学生获得更多的知识，增长更多的见识。

但教师还要不断进行知识的研究和探索，不断提高自己的科研能力，才能给学生带来更多有深度的知识，才能引领学生向更专业的领域发展。如果教师在教学过程中不继续进行学术研究，那就不可能为学生带来更多新奇的体验，无法提高教学质量。大学教师不能被已习得的知识禁锢，不再进行深层次的知识探索，成为照本宣科的"教书匠"，而应该将理论与实践相结合，在教学的过程中也不断精进自己的科研能力。当然，教师在短时间内可以侧重于其中一方，但不能将两者完全割裂。

现代大学的研究功能还应该体现在学生科研水平的提高上。大学生此时正处在思维活跃的时期，拥有更多的朝气和活力，应该为科研做贡献。因此，教师要积极培养学生的科研思维，引导学生大胆提问并主动验证自己的猜想，遇到科研瓶颈也不要气馁，积极疏导学生的情绪；高校也要积极组织各种各样的学术研讨会，让学生们可以接触多样的科研人才，帮助彼此渡过各种难关，为他们提供尽可能多的支持，并在学校中形成浓厚的学术氛围。

（三）大学的服务功能

大学的基本任务包括：把学生培养成有知识、能工作的公民；二是进行科学研究，发展创造新文化、新知识；三是传播知识给广大民众，使之能用这些知识解决经济、生产、政治及生活方面的问题。现代大学的发展说明了这样一个事实，大学应当成为国家的思想库，在运用知识的过程中为国家和社会服务，将提供优质高效的社会服务作为一项重要任务。

随着社会的发展，大学在社会结构中扮演更加重要的角色，其中原因之一是由于大学的社会服务功能不断拓展。现代大学社会服务的范围已经十分广泛，大学服务社会一方面是推进产学研合作，更主要是与地方或社会联合创办高新技术产业，兴办高新技术园区，促进科技成果向现实生产力转化，发挥高校在科研学术方面的优势，充当社会发展的思想库和政府决策的智囊团。20 世纪 40 年代开始，在工业发达国家的大学里，就已出现了"咨询公司""智囊团"等软科学研究机构，为社会和国家广泛提供经济、政治、文化、军事、外交等方面的咨询服务[①]。目前，大学和政府之间正在形成密切的合作

---

① 周艳秋，曹永胜. 大学生职业生涯规划［M］. 北京：中央民族大学出版社，2015：6.

关系，政府对大学的发展给予多方面的支持和帮助，而大学则以更加积极的姿态融入地方经济建设和社会生活，为社会提供更加广泛的服务。例如，中国载人航天工程的顺利实施与北京航空航天大学等高校的紧密合作是分不开的，大学在航天科技的探索和研究方面提供了智力支持，实现了国人梦寐以求的飞天梦想。

（四）大学的交流功能

现代大学是由中世纪欧洲的学生自由团体发展而来的，而这些学生自由团体最初的目的既不是教育也不是科研，而是自由交换相互间的见解和看法，因此，交流功能从大学的诞生那一天起就成为大学的灵魂所在。

大学的交流功能体现在以下几个方面。

1. 自由的学术氛围

相当多的教授们认为，最能出新思想、新观点的地方不是在课堂、办公室或是实验室，而是在学校的咖啡店和学术沙龙。因为往往在咖啡馆闲谈杂聊的时候，旁人甚至可能是业外人士毫不起眼的一句话，会激发出专家的灵感；在沙龙中的一场激烈的辩论会撞击出思想的火花。这些自由交流的作用和意义可能远远超过其他一般意义的工作。因此营造学术气氛，实际上就是创造自由交流的环境和机会。大学经常会举办学术报告会、在教师休息场所集结成学术沙龙、学生组成的社团活动等都是促进校内外师生交流的有效手段。

2. 学科发展的综合化

学科的分化是科学进步的表现。人类最初对自然的探索是迷茫和随意的，这是因为人们对自然的认识是混沌不清的，通过长期的实践探索，人们开始对积累下来的知识经验逐步分类，分为哲学、文学、数学、天文学、医学、法学、神学等，随着人们对科学认识的加深，人们开始依据自然规律来划分学科，于是物理、化学、生物、地理等学科纷纷发展起来，工业社会为了促进生产的发展，以行业划分的学科，如机械、造船、石油化工、纺织、电子、材料等学科迅猛地成长起来。学科的分化为人类探索科学的真理指明了途径。但是，当今学科的发展已经由学科的分化回归到学科的综合。科学发展到今天，仅研究一个领域、一门学科已经很难有所突破了，当今炙手可热的航天科技、生物基因工程、纳米材料、超导技术都是需要多学科、多领域合作的科研项目。从近年来诺贝尔奖获奖项目来看，大多也是跨学科合作的成果。因此，当今学科发展方向是综合与交叉，交叉学科、边缘学科的发展势不可挡，因此学科间的交流会日益频繁，这也是大学逐步向多科型、综合型、巨大型发展的主要原因之一。学科间频繁的交流会有利于新的学科生长点的产生，有利于促进学术的繁荣和大学自身的发展。

3. 校园的开放化

现代大学是没有"围墙"的校园，大学积极地为区域社会服务，社会也积极介入大学办学，这是一种大学与社会的交流。大学积极适应社会需求，培养社会急需人才，同时向区域社会开放教育资源，举办各种社会培训，开放图书馆、博物馆、体育场所等，使大学成为区域的文化活动中心。同时大学靠社会力量办学，建立产、学、研相结合的办学体系，聘请有丰富实践经验的专家到校任教，吸收社会资源办学，放手将学校的后勤交给社会。

4. 大学的国际化

这里所讲的"国际化"的真正意义在于国际交流，有些人认为教育不能国际化，不能与国际接轨，因为教育涉及意识形态的传播，如果教育国际化了，岂不是自毁社会主义长城，全盘引进西方资产阶级的意识形态了吗？其实这种担心是不必要的，大学的国际化不是指不加选择地引进国外的东西，而是引进国外一些先进有益的经验和优秀的人类文化财富。国际化的潮流是不可逆转的，经济全球化已经席卷了整个世界，我国也已经加入了 WTO 组织，因此国际化是回避不了的。我国曾经实施过二十多年的闭关锁国政策，最终还是自己打开了国门，躲避显然是行不通的。国际化是把"双刃剑"，人家可以影响我们，我们也完全有可能去影响他们。教育的国际化是一种文化交流的体现，它是在多元文化的背景下产生的，各种文化间的冲突相对缓和，彼此间就能容忍异己文化的存在。我们应该利用这种国际形势积极吸收外来文化的精髓，同时也不失时机地弘扬我中华文明。大学的国际化还体现在，国际学术交流频繁，留学生、外籍教师比例高，教师和学生能较为准确地把握世界形势和海外动态，能自由、主动地进行国际交流，发展国际合作办学、开发国际教育市场等。

第四节　现代高校教育理念的创新发展

一、现代高校教育管理理念的概念和思想内涵

（一）以人为本的理念

现代教育已经树立以人为本的教育理念，希望可以培养出具备综合素质的人才。当今社会发展不再只重视科学技术，而是更尊重个人的个性，希望学生可以发挥自身特长，成长为对社会有用的人才。因此，现代教育更看重学生自身的优势，理解、尊重学生的爱好，将以人为本的理念贯穿于教学全过程。现代教育更加关注学生的身心健康，希望学生有自己的一技之长，可以立足于社会；希望学生可以不断挖掘自身价值，为社会做贡献；希望学生可以自尊、自信、自爱、自立、自强；希望学生可以不断提高自身的精神文化品位，促进自身的发展与完善。现代教育的发展让学生的精神世界逐渐丰富，高校也成为增强我国民族凝聚力的重要场所之一，成为培养综合型人才的重要场地。

（二）全面发展的理念

现代教育还树立了全面发展的理念，希望学生可以成长为全面发展的人才。宏观上，现代教育是全民教育，希望可以提高所有国民的整体素质，提高全民族的向心凝聚力，进而提高社会道德标准，促进全民创新能力的提升和技术的迭代，增强综合国力；微观上，现代教育希望可以提高学生的精神思想境界，帮助学生建立正确的三观，培养学生爱国、爱家的思想品质，让每一个学生可以实现德、智、体、美、劳等方面的全面发展。因此，人们要转变自身的教育理念，自觉向全民发展的理念靠拢，实现精英教育向大众教育、专业教育向通识性教育的转变。

（三）素质教育的理念

现代教育主张素质教育，抛弃了过去的"分数论"，希望可以培养知识、能力、素质并存的高质量人才。现代教育希望学生可以在学习更多的知识同时也提升自身的能力，在专业能力出众的同时也培养自身的良好素质。传统教育中比较注重学生分数的提升、知识的熟记程度等，忽略了实践能力以及综合素质的提升。现代教育则针对这一点做出了调整，更加注重实践与理论相结合，学生可以去实地体验课本中描绘的知识，可以通过实践活动提升自己对理论知识的运用能力；主张将提高学生的能力和素质作为教育教学的中心工作，全面开发学生的多样化潜能，提供给学生更多的发展道路，培养更多专业性的人才。

（四）创造性理念

现代教育还树立了创造性理念，希望培养更多的创新型人才。现代社会中最需要人们掌握的能力之一就是创新能力，只有不断创新，社会才能不断进步，世界才能不断向前迈进。因此，现代教育在教学过程中就赋予其无限的创造力，希望用创造性的手段锻炼学生的创造性思维，训练学生的创造力，培养极具创造力的人才。现代教育认为，完整的创造力教育是由创新教育（旨在培养学生的创新精神、创新能力与创新人格）与创业教育（旨在培养学生的创业精神、创业能力与创业人格）二者结合而形成的生态链构成[①]，因此，加强创新教育与创业教育并促进二者的结合与融合，培养创新、创业型复合性人才成为现代教育的基本目标。

二、高校教育教学理念创新的举措

（一）树立以生为本的教学理念

在高校教育中要充分体现学生的主体地位，树立以生为本的教学理念。

---

① 汪文娟，何龙，杨锐. 高校教育管理创新研究 [M]. 北京：北京工业大学出版社，2018：2.

高校要充分挖掘学生的潜能，了解学生的优势所在，帮助学生塑造完善的人格，尊重学生的个人意愿，引导学生积极进行自我的探索，让学生在知识、思想、身体、心理等多方面实现均衡发展。高校要将这一理念贯穿于所有的教学环节，帮助学生找到自身合适的发展方向。高校要改变教学模式，从传统的固有学科的学习转变为多样学科选择制，建立学分制等多样的学习制度，学生可以自由选择自己所喜欢的学科与合适的学科内容，学生有更多的时间可以自由支配，选择自身感兴趣的方向进行研习，培养自身的创新能力与实践能力；高校还要改变教学目的，不再是为了教而教，而是真正为学生着想，为学生营造合适的学习氛围；高校也要改变自身的教学方式，要积极鼓励学生与教师互动，鼓励进行问题式、案例式、讨论式、情境式教学法，开展"启发、互动、探究式"的课堂教学实践①，通过采取的一系列措施，让教师和学生的角色都发生转变，由传统的知识传授型教学向现代研究型教学转变。

（二）建立灵活多样的教学组织形式

高校应该改变传统的教学组织形式，建立灵活多样的教学组织形式，让学生可以充分发挥自身个性，选择合适的教学组织形式学习，进而提高自身的自主学习能力、创新能力、研究创作能力等。高校需要改变以往依赖教师讲授、学生听讲的课堂学习形式，转为师生共同讨论学习、组织专题研讨会，所有的学生畅所欲言，鼓励学生展示自己的思考历程，并根据思考路线进行自主探索；高校还要重视学生的差异性，尊重每一个学生的个性，可以结合学生的特长进行针对性的教学，让学生可以在开放性的学习环境中接受教育；高校要给学生提供多样的实践平台，鼓励学生根据自己感兴趣的方向进行实践课程的参与，并在此过程中不断丰富自己的专业能力与解决实际问题的能力。

（三）制定均衡的高校教育资源配置政策

高校要充分了解自身的优劣势，并根据学校的优势学科打造自身特色，争取更多资源进行发展。政府在各地大学发展时，要注意制定均衡的高校教

---

① 张露汀，杨锐，郑寿纬. 高校教育教学创新研究［M］. 长春：吉林人民出版社，2021：18.

育资源配置政策，让各个大学可以充分发展自身特色，创建特色学校。在各大高校发展过程中要注意各大高校之间的差距，及时为各个高校的发展制定合适的资源配置，增强各大高校的竞争力。

高校在各个学科专业发展中要进行合理布局，不断更新教学内容，结合学校发展创新课程体系。高校在发展过程中要与社会需求相结合，结合社会发展需求制定学校的学科体系，为社会输送高质量的人才。首先，高校在学科建设时需要坚持为学生打好知识基础，为学生培养基础的专业能力。其次，在专业领域的教学中，还要不断拓展知识教学边界，拓宽学生的知识面，让学生在专业学习中找到不同的发展方向，继续在同一领域深耕，优化课程整体的结构，让学生可以获得全方位的发展，成长为高素质的综合型人才。最后，高校一定要明白自身的优势，了解自身与其他学校之间的差距，优先发展优势学科，让优势学科率先发展，继而带动其他学科共同发展，避免模式单一，拉动教育资源的合理配置，促进高校教育的科学、可持续性发展。

（四）确立多元化的教学模式

创新基于职业发展理论的高校教育教学模式，要从学生的需求入手，了解学生较容易接受的学习模式，进而设计教学框架，确立多元化的教学模式，让学生可以获得超越时空限制的学习机会。高校中多元化的教学模式应该以培养学生自主探索能力、创新能力等为中心，围绕这一中心进行多种教学模式的综合运用，打造多元化的教学课堂。新的教学模式不再只强调学生的知识吸收程度，而是更加注重学生个体思维能力、实践能力、解决现实问题的能力等的提高，希望培养出可以适应多元社会背景、快速变化着的社会环境的人才。在课程建设中，要安排多样的实践课程、自主探索课程，让学生在实践过程中锻炼自己的能力。教师在课堂中要秉持自己的科学精神和人文精神，为课堂注入更多的精神涵养，让学生处在学术氛围浓厚的课堂中，进而帮助学生树立起科研探索的精神，帮助其走职业发展道路。按照教学对象的细分，可以把多元化的教学模式分为学员为主产生的教学模式、学员为业余产生的教学模式、学员为函授生的教学模式。对于第一种即学员为主产生的教学模式，其教学目标为系统地掌握知识、方法和技能，综合素质全面提高；其教学内容为基础理论＋专业理论＋专业技能；其教学方法与手段为课堂教学法（主）＋试验实践教学法（主）＋网络教学法（辅）。对于学员为业余产生的教学模式，其教学目标为较系统掌握知识要点，具备从事专业岗位的知识结构与知识运用能力；其教学内容为基础理论＋专业理论＋理论运用；其教学方法与手段为课堂教学法（主）＋网络教学法（辅）。对于学员为函授生的教学模式，其教学目标为了解一定的理论知识要点与基本具备进一步的提高能力，基本具备知识要点使用能力；其教学内容为基础理论＋专业理论＋理论运用；其教学方法与手段为网络教学法（主）＋课堂教学法（辅）。

在具体的实践中，确立多元化的教学目标应注意以下两点。

第一，确立多元化的教学模式应突出学员的能力培养。函授生、业余生大多是在生产一线摸爬滚打过多年的工作者，实践工作经验较多，理论知识相对欠缺，因此他们需要专业的理论知识学习。在高校中，对理论知识的学习比较多，没有实际的工作经验，对现实中工作环境中出现的问题欠缺思考，无法快速适应市场变化的新形势，因此容易在工作中受挫。高校应该充分认识到这一点，帮助学生积累实践经验，进而可以让学生在进入社会后更加游刃有余。

第二，应提倡跨时空的教学形式。高校传统的教学模式多是在课堂上进行知识的传授，容易受到时空的限制，也难以提高教学质量。但以网络为基础的教学手段可以及时解决这一问题，学生可以在网络上接受教育，破除了时间和空间上的障碍，为学生提供了更多学习的机会。另外，网络教育更方便一些基础较差的同学学习，他们可以在不懂的地方反复观看，直到真正理解相关问题。因此，多元化的教学模式还应该增加网络教学这一形式。

第三，确立多元化的教学模式，应转变教育观念，改革和创新教学方法，采用适合高等学生心理特点和社会、技术、生活发展需要的教学方法。

（五）引入校企合作的教学模式

在高校教育过程中，由于高等学员身份的特殊性，他们往往要兼顾学习和工作的双重压力，难以在两者之间恰当地分配时间、精力，形成较难解决的工作与学习之间的矛盾。另外，就职业发展理论而言，高校教育教学模式必须考虑到学员的职业发展需求是以学习专业理论和专业技能为主。为了找到学习和工作之间的平衡点，并提高学员的实践动手能力，有必要引入校企合作的双元制教学模式，以夯实学员的职业发展道路。

1. 建立校企联动机制

建立多方联动机制需要多方的互相信任，只有建立信任才有可能达到理想的目标。校、政、企三方都希望可以将高校教育越办越好，因此基于同一目标的他们建立联动机制，可以让高校教育更上一层楼，可以培养出更多的专业人才。

学校、政府、企业都需要不断地发展，而向前迈进的重要因素就是人才的引进。因此，高校与政府、企业的合作可以让人才的培养更加具有针对性，高校可以为政府和企业输送更加专业的人才。在三方合作中需要建立一定的联动机制，只有完善的联动机制才可以保证这一模式的持续推进。在合作中应该建立相应的管理制度和运行模式，让合作有章可循，可以及时解决出现的问题；还应该建立网络交流平台以及信息联络和发布制度，构建信息沟通和宣传平台，让信息在三方之间实现互联互通，消除一些沟通上的障碍，保证合作的顺利进行。

2. 规范校企管理模式

在合作关系中，容易发生权利僭越的情况，因此在校、政、企三方合作中应该签订一定合作协议，规定彼此的责任与义务，保证合作的持续发展。在多方合作中，需要尊重高校的教育教学权、学生的自主选择权，结合政府以及企业的真实需求，进行教学管理制度的确定，多方共同商议重要事件、做出决定，合理安排多方的权利，确保高质量的教学。在办学过程中，可以实施项目管理制，三方各派出相关的管理人员成立项目管理组，并共同讨论、确定课程的主要教学方向、培养人才的发展方向等，并及时监督相关教学情况，实现多方共赢，保证人才培养质量。

3. 合理设置培养目标与教学计划

现代社会、企业中需要的人才是可以应用于生产、建设、管理、服务等多个方面的高级人才，因此培养人才应该努力向这一目标靠拢。实现这一目标，需要制定合理的培养方案、需要科学的课程体系支撑、需要可以应用于实际的教学内容、还需要有具体行进方向的实践教学环节。因此，高校必须抛弃以往的教学模式，改为真正面向社会的实践教学模式，让学生可以在高校中完成学历的晋升，也可以确确实实地学到未来在社会中生存的立身之本。

这一模式下的学员多是来自各大生产一线的工作者,还可能是管理和技术岗位的骨干,对一线的生产实际知识有自己的理解,在高校中继续深造是因为想要解决更多实际问题,可以弥补自己对某些问题思考上的不足。学员所属的企业或者单位都希望接受教育的工作人员可以学有所成,在日后的工作中可以发挥更多用处。因此,在制定教学计划时,要充分结合各个企业和单位的现实需求,让它们充分参与到课程设置中来,让学员的学习可以更具针对性。通过实践证明,校、政、企三方的合作进行人才培养的教学模式是比较合理的教学模式,可以让多方实现共赢,也是未来教育事业可持续性发展重要的组成,具有非常美好的前景。

校、政、企三方合作的教学模式还处在研究阶段,过程中还会出现各种各样的问题,一些管理模式和机制问题等还需要不断完善。因此,在高校教育教学理念创新过程中还需要学校从实践出发,不断拓展运营思路,让学校的教育真正与社会接轨,让学生成长为社会真正需要的人才,可以解决更多现实问题。高校应该主动走出校门,为社会、企业等提供更好的教育服务。

第二章

高校教育与质量保障体系构建

高校在运行过程中需要质量保障体系的构建，只有切实提高教育质量，才能真正培育出高质量的人才。学校开展的教学活动就是教学质量的一种体现，多样的教学活动可以培养学生多样的知识体系，帮助学生树立正确的三观，提高学生的素质。在教学环节中实施质量保障体系的构建可以确保教学过程的高质量运转，让教师不断优化自己的教学方式，不断开拓新的教学模式，让学生在优秀的教学氛围内不断进步。通过监控体系的建立与实施，不断提高高等学校的教育教学质量。

第一节　高校教育质量保障体系的相关概念

一、质量

质量的概念是在历史发展中产生的。随着时代的变迁，质量的概念也在不断地进行补充、丰富和发展。人们对质量的概念在不同的历史阶段表现出不同的理解，出现了符合性质量、适用性质量和全面质量等概念。质量的重要性得到人们的认可，逐渐有了质量意识。质量是指产品或工作的优劣程度[①]。如产品质量、服务质量、工程质量、教育质量、建筑质量等。从产品的角度来看，产品的质量就在于要符合产品的设计要求，达到产品的技术标准。从

---

① 韦荔甫. 产品检测与质量管理［M］. 西安：西安电子科技大学出版社，2018：95.

产品的使用者角度来看，质量是产品和服务满足顾客需要的程度。满足顾客的要求，为顾客所接受，就是高质量。工农业产品的质量一般较易于衡量，根据产品的规格、使用要求等制定质量标准，即要达到规定的指标。工农业产品按照这些明确规定的指标在生产过程中进行检验、控制来保障产品达到规定的质量，可以用合格率的高低来衡量质量。

质量的概念含义广泛，人们已经将质量的概念发散至各个领域。高校教育质量的含义包含的内容更为复杂。高校教育的主要任务是培养人，而人的发展具有不确定性，需要培养出一定数量的适合各大社会需求的学生，同时又要保证学生具备基本的专业能力，因此高校教育质量的评价需要更加多元化。高校教育的主要产品是学生，他们与其他产品是有本质差别的。其他类型的产品大多是固定的物质，可以通过一定的规范进行质量的审查，但学生的质量审查却不能根据统一的标准。高校的发展方向也不同，有研究生教育、本科教育、专科教育。不同的教育类别有不同的质量标准，研究型大学、教学型大学、研究教学型大学、地方性学院、职业技术学院等，各个大学都有自己着重发展的方向，有自己薄弱的方面，因此在高校质量的评测中不能用统一的标准。如果在高校质量评测中使用不符合当下高校的标准，将会导致一些高校无法获得好的评价，部分高校会受到强烈的否定，不能维持运营。这样的质量保障体系将减少高校的多层次发展，导致特色高校逐渐消失，无法满足当下社会对于人才的高质量要求。大众化的高校教育应该是多元化的，也要区分不同的层次，只有这样的高校教育才能保证人才的全面发展，保证社会蒸蒸日上。

二、高校教育质量

高校教育质量是一个复杂的概念，国内外专家学者对质量的理解角度各异，各种看法莫衷一是。联合国教科文组织指出高校教育质量是一个多层面的概念，应该包括高校教育的所有功能和活动。因此，研究高校教育质量保证体系，首先需解决的问题就是要厘清高校教育质量的概念，整体、科学地把握其内涵和外延。

高校教育质量是人们对高校教育内在属性的度量。因此，探索高校教育质量观，必须以研究高校教育质量属性为前提。高校教育质量的属性是高校教育质量的体现，可以分为本质属性、自然属性和时代属性。高校教育质量是一个历史的发展概念，质量的内涵与标准、人们对质量的理解和认识都处在一个动态的发展变化过程之中。因此，高校教育质量具有很强的时代特征，是一种与时俱进的发展性质量。我们要用发展的眼光看待高校教育质量，不能局限在当时当下。

对于高校教育质量的概念，不同的人有着不同的理解。本书认为可以从以下四个方面进行具体的阐明和解析。（1）卓越，即一流的。质量在很大程度上被视为"卓越""优秀""第一流"的代名词。对于复杂的质量概念，大致包含大学的等级声望、可享用资源的丰腴度，教学成果和学生能力的提升等。当这些方面达到"卓越""一流"时，才能称之为高质量。（2）达成目标。质量对于目标的适切性通过比较与目标的一致程度来测量。（3）满足程度。质量是满足国家和社会需要的程度，主张注重实效、强调社会适应性，把满足社会需求作为衡量教育质量的标准。此外，"质量满足需求"的定义还体现在满足个人的发展、实现自我价值的需要上。（4）持续改进。质量是一个历史的、发展的概念，与时俱进，有很强的时代特征。质量的内涵与标准处在一个动态的发展变化过程之中，这就赋予了质量"持续改进"的定义。因此，对待质量问题不应满足现状，而是要结合当代高校教育现状和趋势的情况，努力做出调整，对质量进行持续改进和完善。

高校是为国家和社会培育高质量人才的地方，高校教育是国家和社会进步的基础，高校教育质量直接关系着社会的发展水平与人才的质量层次，因此，高校教育质量是国家和社会高度重视的问题。我国的教育质量问题一直是教育界关心的重点。在 20 世纪末，我国高校教育规模实现了急剧扩张，大学生的数量迅速增加，社会中开始出现大学生就业难的问题。这一问题的出现进一步让高校教育质量问题成为社会中讨论的热点，也增加了国家对高校教育质量的重视程度，各大高校开始不断优化自身教学模式，搭建教育质量检测体系。高校的教学质量是与高校的职能密切相关的。高校的教学职能是通过向社会输送高质量的人才所体现的；高校的科学研究职能是通过向社会输送科研成果所体现的；高校的社会服务职能是通过为社会培养各方面的服务人才所体现的。高校的科研成果越多，为社会所做的贡献就越多，也从侧面证明高校的教学质量。高校的教育工作主要包括教学工作、思想政治工作、校园文化的开展、大学生社会实践等，这些多样的教学工作共同促进学生的素质提升。提高高校教育质量也就是要提高高校学生的知识储备、思想修养，为社会培养高层次、有教养的社会公民。

三、高校教育质量保障

高校教育质量保障是指特定的实体依据一套质量评估指标体系，按照一定的过程和程序，对高校教育质量进行控制、评估和审核，使高校教育培养的人才、开展的科学研究以及所进行的社会服务等一系列活动持续达到预定的目标，以保障高校教育的质量，促进高校教育发展有计划、有组织、有系统的活动过程[①]。这里的实体是指高校教育相关机构，包括高校教育行政管理机构和高等学校。高校教育质量保障始于 20 世纪 80 年代，发轫于西方高校教育发达国家，尤其是西欧的荷兰、英国，北美的美国、加拿大，大洋洲的澳大利亚在高校教育质量保障方面成效显著。高校教育质量保障因在提升高校教育质量方面发挥着重要的作用而受到世界各国的重视。因此，当前各大高校在建设过程中都格外重视高校教育质量保障，这已经成为各个国家进行教育改革的重要议题。各大高校积极采取多样的措施对教育质量进行监控与评测。

目前，高校教育质量保障的发展主要表现在以下几个方面。一是理论研究取得了丰硕成果，研究的范围极其广泛，有了国际性的质量保障研究成果。二是世界各国纷纷进行了高校教育质量保障的实践探索，成立了各种性质的质量保障机构来保障高校教育质量。三是高校教育质量保障日趋国际化，发轫于西方国家，随即波及全世界。我国正处于高校教育大众化阶段，高校教育规模的急剧扩张引起了社会与政府对质量问题的关注。

四、高校教育质量保障体系

（一）高校教育质量保障体系的概念

高校教育质量保障体系对每一个高校来说都很重要，如果高校没有自己

---

① 雷炜. 高等教育质量保障体系研究［M］. 杭州：浙江工商大学出版社，2020：10.

的教育质量保障体系，就无法保证教育质量。高校教育质量保障体系有效保障了高校教育能够对大学生发挥作用，确保高校能够培养出符合社会需要的人才，使高校的研究工作能够取得成效。高校教育评价活动是科学合理地评价高校教育质量的活动，能够通过系统的运行机制和多样的评价方式对高校教育质量做出评价，促进高校提升教育质量。高校教育质量保障体系包括内部和外部质量保障体系两个体系，通过体系中的内部引导、外部监督、评价系统和激励系统对高校教育质量保障工作产生积极影响。高校教育质量内部保障体系主要保障的是高校内部的教育质量，促使高校从教育理念、教育大纲等内部方面做出调整，保障内部教育质量。高校教育质量外部保障体系是由高校组织之外的机构或个人组成的，包括政府、社会中的教育监管机构、教育质量保障机构和教育界专家等，主要负责通过外部的力量来监督高校的教育情况，为高校提出中肯的建议。高校教育质量的内外两部分保障体系是相互依存、相互促进的关系，能够从内外两方面促进高校教育的发展，保障高校的教育质量。

（二）高校教育质量保障体系的功能

高校教育质量保障体系的功能指的是这一体系能够发挥的作用。要想研究高校教育质量保障体系就必须研究高校教育质量保障体系的功能。高校教育质量保障体系能够发挥的主要作用包括鉴定高校教育质量、监督高校教育情况、引导高校发展方向和激励高校全面发展等。

1. 鉴定功能

高校教育质量保障体系建立起来之后，高校管理部门就要根据体系确立的目标来鉴定目前的高校教育质量，评估当前高校教育能否培养出社会需要的人才，从而得出鉴定结果，根据鉴定结果进行有针对性的教育计划调整，保障高校教育质量。

2. 监督功能

教育管理部门可以派遣教育评审专家去高校中进行教育质量评审，了解高校的教学情况，记录高校教育方面的不足之处，对高校教育情况进行及时的监督。教育管理部门要将对高校的评审内容总结成评审报告，公布评审报告，使社会能够得知高校的教育情况，也使高校受到社会各界的监督。高校不能只靠内部管理人员来革新教育方式和手段，还要学会利用外界的力量促进教学形式的革新。外界如果能够全面了解高校教育的情况，就会对高校教育形成一个科学的教育质量评价，促使高校针对外界评价改善教育方面的不足之处。高校重视评审报告的内容能够及时解决教育问题，增强教育竞争力，发挥高校教育的作用。高校应该重视外界的监督作用，要主动邀请专业的教育评审人员来校园中展开教育评审工作，使高校能够自觉接受社会各界的监督。高校还要在内部建立并完善教育监督体系，利用完善的教育监督体系来确保教育工作能够有效展开，促进高校教育质量的提升。

3. 导向功能

高校可以利用高校教育质量保障体系发现自身的问题，掌握社会对高校教育的要求，明确各个高校之间的教育质量差距，从而明确高校发展方向。高校需要在了解学校差距和社会期望等内容的基础上努力改进教育方式，提升教育质量，实现教育目标。

4. 激励功能

高校教育质量保障体系能够促使高校更清晰地了解自身情况，客观评价学校的教育质量，反省学校的不足之处，提高对社会和学生的责任感。高校教育质量保障体系能够有效提升高校的质量意识，促使高校为提高教学质量做出努力。高校公开教育教学质量评估报告能够有效提高高校对社会评价的关注度，促使高校不断努力提升教育手段，缩短与其他学校之间的差距。

第二节　国外高校教育质量保障体系的经验及其启示

一、国外高校教育质量保障体系的经验

（一）较完备的质量保障体系

目前，世界上大部分国家都很重视高等教育，正在积极推广高等教育，这使得全球高等教育的竞争变得更加激烈。各个国家的政府也很重视高等教育，

设立了专项基金，建立了高校教育质量保障体系，为高校的教育发展提供了保障。发达国家已经具备了较为完善的高校教育质量保障体系，而我国还没有建立完整的高校教育质量保障体系。国外的高校教育已经充分认识到高校教育质量保障体系的作用，正在不断拓展和完善高校教育质量保障体系，这就要求高校要不断调整教育规划和管理制度，设立专门的教育部门保障高校教育质量。

（二）相对独立的质量保障中介机构

各个国家的情况都不一样，因此我国不能直接照搬其他国家的高校教育质量保障体系，不然会出现不适应我国国情的情况。各个国家都利用立法、设立专项基金等形式来建立并完善独立的高校教育质量保障中介机构。高校要重视独立的教育质量保障中介机构的作用，因为这些机构能够推动高校教育的发展。教育质量保障中介机构可以有效促进高校建立质量保障机制，使高校有条件展开自评，评估学校自身的课程设置是否合理，从而为高校的发展方向提供科学的依据。高校教育质量保障中介机构也可以为政府提供科学依据，使政府明确高校需要改进的地方，从而准确地为高校提供帮助。教育质量保障中介机构能够提高群众对高校教育质量的信赖度，也促使政府通过相关手段监督高校教育行为。

（三）评估机构管理自治

大部分发达国家制定了教育评估机构规范，要求评估机构应当是独立的、自治的。无论是政府拨款建立的教育评估机构还是社会组织建立的教育评估机构都应该是独立、自治的，不能因为机构的经费来源因素而干扰评估结果。教育评估机构即使接受政府的经费支持也不能违背原则对高校给出片面的评估。教育评估机构的工作人员也要具备职业操守，要根据各项指标科学公正地评估高校的教育质量，不能受到任何因素的干扰，否则给出的评估是没有意义的。许多国家通过立法保障评估工作的独立性，确保高校能够得到公正的评估。

（四）注重教学与科研

高校的职责就是对学生进行教学工作，为社会展开科研工作。世界各国的高校都聚集了各个领域的人才，这些人才深知自己的职责，深入教学一线向学生讲授知识，利用课下时间展开科研工作，为社会提供合格的人才和科研成果，同时也能够有效提高高校的知名度。各个国家为了提高教学质量，建立了完备的教育质量保障体系。教育质量保障体系具有以下三个特点。一是评估主体越来越多元化。教师、学生和社会各方都可以是评估主体。二是重视自评。结合内外部评估内容给出综合评估。三是高校经费与评估结果有关联。高校得到的评价越好，就越受到政府关注，也就能拿到更多的经费。

二、国外高校教育质量保障体系的启示

（一）完善高校内部质量保障机制

高校的内部教育质量保障机制奠定了质量保障体系的基础，能够直接影响高校教育的发展。高校必须客观看待自身教育质量，改善教育的不足之处，提高教育质量，丰富评估指标，使评估人员能够给出更具体的评估，帮助高校发现自身弱点，从而有效提高教育质量。

（二）建立分层、多元的评估体系和标准

我国正在逐渐深化改革开放，这对我国高校的评估体系产生了影响。改革开放的不断深化促使高校教育的评估体系变得越来越有层次感，呈现出明显的多元化特点。这样多层次、多元化的高校评估体系和标准能够体现出各个高校的特色，也能够吸引社会各界人士广泛参与到高校教育评估工作中，促进高校的发展。政府可以根据高校评估内容掌握高校教育情况，及时向高校提供所需的帮助。目前，高校教育需求越来越多样化，要想满足这些需求，就需要评估体系根据我国高校教育的具体情况对高校教育进行分类评价。同时，各级政府需要发挥宏观调控作用，根据不同的高校教育层次制定不同的评估制度和标准。此外，国家要建立统一的全国高校信息数据库，掌握各个高校的最新动态，使用科学的数据来帮助高校调整教育方式。

（三）发展高校教育质量管理文化

高校教育质量保障体系的构成因素之一就是高校教育质量管理文化。每个

高校都有自己的教育质量管理文化，如果教育质量保障体系中的主体没有重视教育质量管理文化，或是不认同教育质量管理文化，就无法发挥高校教育质量保障体系的功效。高校教育质量文化贯穿高校教育质量保障体系，能够紧密联系体系中的各个因素和环节，能够有效促进各个主体主动保障教育质量。

高校教育质量管理文化能够促使高校教育质量保障系统进行自我检查。高校教育是复杂的教育活动，在许多方面都没有可量化的评价标准，需要教师和辅导员等人凭师德展开教育工作。高校教育质量管理文化能够促使教师和辅导员进行自检，使教师和辅导员获得自检反馈，明确下一步工作目标，从而确保高校教育的稳定发展。

（四）重构政府高教管理模式

在世界高校教育发展中，政府都发挥了对高校教育的管理作用，提高了高校教育质量。我国高校正在不断扩张，这就促使政府改变对高校教育的管理模式：从法律层面加强立法；从资金层面增加对高校的投入；从评估方面改变传统的评估模式。

保障高校教育质量提升的首要前提是规范立法，只有从法律层面保障高校教育质量，才能有效促进高校教育的发展。高校教育是根据发展规律而发展的，而立法的作用就是保障高校教育能够按照规律进行符合自身条件的发展。时下，我国先后颁布《国家中长期教育改革和发展规划纲要（2010—2020年）》《全面提高高等教育质量的若干意见》（"高教三十条"）等一系列法规文件，为我国高校健康发展奠定了坚实的法律基础。但是，对于广大省属高校，如何在资源有限的前提下，立足本省实际、保障质量、办出特色，就需要出台一系列具有前瞻性和针对性的地方法律法规。

目前，有许多高校受到政府评估垄断的限制而无法有效提高高校教育质量。部分地方政府对高校教育采取垄断型评估方式，这样做虽然可以有效维护高校办学秩序，但是不符合高校发展的需求。如今的高校追求个性化发展，不应该受到政府评估垄断的限制。目前的高校教育和质量审核评估尽管要求高校根据自身条件进行自评，但是并没有设定自评的标准，这样也不利于高校评估工作的展开。政府要支持社会各界人士参与高校教育质量评估，使高校获得客观公正的评价。

高校要想提高教育质量就要进一步提高高校教育信息的透明度。如果高校不对社会公开自身的教育信息，就会使社会不了解高校的教育情况，也使高校教育质量保障体系无法接收正确的信息，导致系统无法为高校教育提供帮助。我国要求高校公开信息的时间较晚，使得社会对高校教育情况不了解，无法给出全面的高校教育质量评价。

（五）强化高校办学中心地位

中国高校具有明显的行政色彩，是处于政府与企业之间的一种事业单位，有着自己特色的行政管理系统。可以看出，高校其实并没有真正的独立，其依然要与行政相挂钩。但是，这是一个社会各个领域都在突破与创新的时代，高等教育不能总是延续过往的发展道路，而是应该努力地与时代发展的脚步相一致，不断制定更加合理的人才培养计划，培养优质人才。如果高校依然不做出改变，只是一味地服从上级管理机关的行政命令，那么最终导致的结果就是高校不会获得特色发展，其办学的中心地位也会慢慢地失去。在传统、僵化的管理模式之下，高等教育发展已经有些力不从心。

高校应该从自身特点出发，制定更加符合自身发展的质量保障政策。这里质量保障主要包括外部保障与内部保障两种，相比前者，后者更为重要，甚至能决定高校办学的质量。市场经济体制的运用使中国社会呈现一派繁荣之象，因此，高校也可以将市场经济中的竞争、激励机制引入内部质量保障体系中，使高校管理人员都能充分发挥自己的积极性。此外，高校还应使各种资金、人才等资源在高校内部完成自由流动。

高校要时刻把握关键环节，在每一个关键环节中都制定相对应的质量标准，尤其是要在学生的学习环节中制定合理的质量标准。高校应该对每个环节进行细化，使每个环节都能在发挥自身作用的同时，与其他的环节相联系，这样，"齐抓共管"的局面就形成了。

要强化高校办学中心地位，还应该充分利用评价手段去把控高校教育的质量。基于此，高校应该建立更加完善的评价指标体系，同时应该保持体系的动态性。当时代对高等教育的人才需求发生变化，高校的办学定位、人才培养目标等也会发生相应的变化。相应地，高等教育评价指标必然要发生变化，以适应高等教育新的发展。

（六）培育高校质量保障队伍

2016 年 6 月，国际工程联盟大会全票通过了中国的转正申请。至此，我国成为《华盛顿协议》第 18 个正式成员。这一里程碑式的事件对我国高校的质量保障提出了新的要求和挑战。

一方面，队伍应该形成更加开放的理念，保持视野的开阔性。不能固守传统的质量保障理念，而是应该基于现实的办学情况，总结经验，积极引入更加新颖的质量保障理念。此外，质量保障不能只是被局限在纵向层面的对比上，而是应该从横向视角出发，对国与国之间的质量保障情况进行对比、对国与地区之间的质量保障情况进行对比。

另一方面，要加强与其他国家的高校之间的合作。在经济全球化进程中，不同国家之间的联系变得更加紧密，这种紧密性已经在高等教育领域中有所显现。因此，中国的高校应该积极与其他国家的高校加强合作，甚至经过商讨可以制定一套对话机制，以处理一些现实的高等教育发展问题[1]。中国各大高校应该觉醒，应该认识到自身在高等教育质量保障领域中所取得的成绩，应该以自己的成绩为底气，不断在世界高等教育舞台上发出自己的声音，提升自己的话语权。

第三节　高校教育质量保障
——政府、社会与高校

一、政府

重视政府在高校教育事务中的作用，既是政府义不容辞的责任，也反映了当今世界趋势。在世界改革浪潮的推动下，在中国经济体制改革的推动下，中国政府越来越认识到教育的重要性，甚至将教育事业放在国家发展的战略

---

[1] 孙锐，杨程菲. 基于国外经验的我国高教质量保障对策研究［J］. 中国成人教育，2016（22）.

位置。要指出的是，尽管政府已经十分重视教育的发展，但这并不意味着所有有关教育的事情政府都需要亲自参与，其实，在高等教育发展过程中，政府主要发挥的是一种宏观管理作用，就是从大方面把握高等教育发展的方向。政府对高校教育的宏观质量调控，主要可以通过以下方式实施。

（一）制度规范

规章制度是教育教学质量监控与管理的基础，它主要包括了教学计划、教学大纲、学期进程计划、教学日历、课程表、学生自学进程计划等基本教学文件的制订、学习成绩考核管理、实验室管理、排课与调课、教学档案管理等工作制度以及教师和教学管理人员岗位责任制度和奖励制度，学生守则、课堂守则等学生管理制度等。制度健全至少应有三个条件，即完备性、可操作性和可检测性。完备性是指制度完整，各岗位职责和各主要管理环节都应有明确的要求和规定；可操作性是指制定的规章制度便于操作，管理者可按要求去做；可检测性是指质量管理工作可以检测，并与奖罚挂钩。

（二）督导检查

督导检查是学校教育教学质量监控管理经常采用的形式，有经常性的督导检查和定期督导检查两种。前者主要通过平时作业、测验、期中考试、召开座谈会、检查性听课等方式进行；后者一般有开学前的教学准备工作检查、期中教学检查和期末检查等，也可分常规的质量督导检查和重点项目的督导检查等。

（三）权力界定

1. 两级政府权力的重构

首先，通过立法手段对中央、省级政府在教育领域的职权予以明晰。虽然中国已经确立了"中央与省两级管理，以省为主"的管理模式，但对于二者具体的管理权限并没有做出清楚的说明。这就使在实际的高等教育管理中，两级政府要么在某些方面存在权力交叉，要么在某些部分出现权力真空。无论是哪一种情况，对于高校的发展来说都是极为不利的。相比中央政府，地方政府在高等教育发展中能发挥更加重要的作用，它发挥的是一种桥梁作用，能将大学与政府、国家联系起来。一方面，能将国家在高等教育领域中实施的政策、提出的要求及时传达给高校；另一方面，又可以在了解本地区高校教育诉求的基础上，与高校一起开展高校管理工作，并最大限度上支持高校办学的自主。这一举措能使高校过度集中的情况有所改善，也能与社会对高等教育的要求相一致。

其次，中央政府应该发挥宏观管理作用，同时要给予地方政府适当的权限，使其能积极参与高校管理工作。中央政府不能直接参与高校管理工作，而是应该适当地将专业设置权、人事变更权等交给高校，使高校能完成某些方面的自主办学。地方政府对高校的发展情况十分熟悉，因此，其可以制定十分完善的高校发展政策，同时也能对高校进行监督，为其提供更多样的服务。中央政府始终是省级政府的上级，因此，前者有权利与义务对后者进行合理的监督。这样，中央政府就能从整体上把握高等教育的发展，而地方政府则可以依据中央政府的方针、政策，基于高校发展的实际，促进高等教育质量的提升。

2. 政府权力的让渡

新公共管理理论认为，公共领域的管理不应该强化政府的作用，甚至应该是削弱政府的作用，积极地引入市场机制，使市场可以在公共领域"大展拳脚"。基于此，政府权力运行的方式必须要发生适当的变化，政府角色也应该发生变化，从管制者向服务者转变，这就能使政府权力完成让渡。

市场经济的相关机制可以被应用在高等教育发展中，借助市场调节机制，高等教育能获得灵活发展与高质量发展。强调市场机制并不意味着政府在高等教育发展中不再发挥作用，相反，政府依然在高等教育重大发展决定实施时发挥作用，比如，如果政府意识到高校彼此间的竞争已经严重阻碍高等教育发展时，政府就会对高等教育进行适当的干预。政府对高等教育的干预并不涉及方方面面，而是有限的。笔者认为，政府应该将自己以下几种权利让渡给高校。

第一，应该让渡人事控制权。学校的高效组织性是高等教育发展的重要保障，且这种高效组织性是外部权力无法给予的，应该是高校管理人员自觉的情感的激发所产生的结果。也就是说，人事控制权如果总是为外部力量所掌控，高校管理人员很难激发自己的主观能动性，因此，政府应该将人事控制权让渡给高校，使其能制定合理的人事调动方案，激发管理者的积极性，促进高等教育的发展。

第二，应该让渡财政控制权。一般来说，政府是高等教育经费的主要来源主体。现在，市场经济体制被引入高校中，各种投资主体不断涌现了出来，这使高校获得了大量的资金。面对高校可使用资金的增加，政府应该适当地让渡财政控制权给高校，使其能对这些资金进行合理支配。当高校能自由地支配来自其他投资主体的资金，那么，其就能基于自身发展需求进行资金的支配，这样，高校便能在弥补发展的不足中获得新的发展。

3. 责任的落实

政府责任的落实主要包括两部分：一部分为政府道德责任的落实，另一部分为政府法治责任的落实。在高等教育质量保障工作中，政府应该确保自身做出的决策是科学的、合理的，不能让政策各自被孤立，而是应该保持一定的系统性。此外，为了确保政策实施的效果，政府还应该提升政策实施的透明度，使公众可以对政府进行监督。政府工作人员在高等教育质量保障工作中应该始终保持良好的形象，那些不良的行为，比如寻租行为等，应该被严厉制止。

从内部层面上来看，政府道德责任至关重要，从外部层面上来看，政府法治责任至关重要。政府要承担的基本责任就是行政责任，因为政府毕竟体现的是国家意志，其实施的行为必须要与宪法意志相一致，同时还要受到行政法的约束与限制。政府应该让高校保留发展的自主权，具体来说可以从制度上去约束政府行为，不能使政府在高等教育质量保障工作中实施越权行为，要尊重高校。高等教育质量保障的行政责任主体多种多样，政府、高校，甚至是中介组织都已经成为重要的行政责任主体，但这些行政责任主体实施的行为不能是随意的，而是应该受到法律的约束。

（四）反馈调节

反馈是建立在监督基础上，公众、大众媒体等应该对政府的高等教育质量保障工作进行合理的监督，并将自己的监督情况反馈给政府。政府收到相关反馈信息之后就可以审视自己的行为，进而确定自己在工作中是否存在不当行为，如果存在，就应该立刻改正。高等教育质量保障体系是一个大系统，涉及的问题也比较多，因此，政府应建立层次多样、渠道多样的质量信息网络，这一网络不仅包括教师与学生的质量信息，而且还应包括用人单位等的质量信息。政府要拓宽接收反馈信息的渠道，要在听取高校汇报的基础上，借助网络平台直接与教师、学生互动，并从中获得直接的反馈信息。

二、社会

在中国经济飞速发展的背景下，高等教育受到了社会力量的深刻影响，甚至各种社会力量已经成为高等教育体系运行调控中不容忽视的部分。首先，社会应该以高等教育发展的质量为标准选择性地接受高等教育的服务，并从自身的需求出发向高等教育提出自己的要求；其次，应该充分利用普通民众、大众传媒等对高等教育实际的发展情况进行监督，从而使高等教育一直沿着正确的道路前进，甚至当高等教育的发展偏离轨道之时，应该及时地将其拉回来，也就是社会各种力量应对其进行调节与干预。各种社会力量的规模不断扩大，其已经逐步渗透进高等教育中，并促进了高等教育的发展。

（一）社会经济引导

实现社会控制的手段有很多，其中一个最基本的手段应该指的是经济机制。利用市场经济体制对人们的行为予以规范，从而使他们能在社会规范体制中实施行为。市场经济体制的影响并不仅仅被限制在社会经济领域中，其已经在高等教育质量发展中显现出了它的作用，利用市场经济体制来调节高等教育的发展，这对高等教育质量的提高有着重大的意义。市场经济对高等教育质量的作用体现在许多方面，不仅体现在生源市场与就业市场上，而且还体现在资金市场与师资市场等方面。市场经济机制的介入使高校中的各种资源得到合理配置，也促使高等教育质量得到显著提高。

（二）社会舆论监督

社会公众对社会某一热点问题发表的意见的总和就是舆论，它反映了社会公众对某一社会问题的看法与愿望。社会舆论可以对高等教育质量保障工作产生影响，甚至它的变化还会使后者发生巨大的变革。社会舆论形成与传播的载体主要为报纸、电视与网络等，在这些载体平台上，普通民众可以就与高等教育质量发展有关的问题发表自己的看法。众多人的意见对高等教育来说是一把双刃剑，会让其感受到强大的无形压力，也能使其审视过往的行为，促使其改正自己的不足，始终向前发展。社会舆论形成之后就能在很大的范围内快速传播，这就使人们能在第一时间了解事件的前因后果，并对事件发表自己的看法。当前，微博、微信、抖音等各种社交平台发展繁荣，人们借助这些平台可以迅速地与他人进行交流与互动，这也让各种社会舆论不断兴起与传播。分析与掌握社会舆论形成与发展的规律，并利用这一规律来对高等教育质量保障工作予以合理监督，是普通民众参与高等教育质量保证工作的重要手段。

（三）社会中介组织评价

社会中介组织可以在许多方面、运用不同的手段保障高等教育质量。社会中介组织可以利用评价手段完成对高等教育质量的保障。政府、高校都可以邀请社会中介组织参与高等教育质量保障工作，让其对高等教育质量进行合理评价。社会中介组织是连接社会与高校的一个媒介，它可以将高校实际的发展情况、人才培养的质量等信息传递给社会大众，也可以将社会对高校人才的质量要求等反馈给高校。需要指出的是，尽管社会中介组织的评价依然存在不少问题，但在中国高等教育实际的发展过程中，其作用是不容忽视的。

三、高校

相对于政府的宏观质量调控和社会的质量调节，作为办学主体的高等学校在高校教育质量保障中处于基础地位，这既是高校教育质量生成规律和高校质量保障特性的反映，也是高校教育质量保障中政府、社会影响作用发挥的需要。"高校教育产品和服务所具有的功效性、人文性和调适性在满足社会和学生发展以及高校教育系统自身有序运转方面要求的程度"[①]，从纵向来看，

---

① 余小波. 高等教育质量概念：内涵与外延［J］. 新华文摘，2006（3）.

它包括了投入、过程和产出质量；从横向来看，包括了教学质量、科研质量和服务质量等。但人才培养质量是教育质量的根本。高等教育是人们接受教育的主要场所，高校承担着培养大量优质人才的任务，教学是培养优质人才的方法与手段。因此，高等教育质量保障工作中，高校的管理与教学的有效组织应该是基础与前提。

当然，政府与社会都可以对高等教育质量的发展发挥积极作用，但应该清楚的是，这一积极作用的发挥离不开高校。高校是一独立的办学实体，每所学校都有着自己的办学特色，即使为同样的政府所指导，为同样的社会条件所影响，其高等教育质量也是不同的。

高校在高等教育质量保障工作中扮演着多重角色，发挥着多样作用。高校要保证教育发展的高质量，可以从以下几个方面入手。

（一）制度规范

规章制度是教育教学质量监控与管理的基础，它主要包括教学计划、教学大纲、学期进程计划、教学日历、课程表、学生自学进程计划等基本教学文件的制订、学习成绩考核管理、实验室管理、排课与调课、教学档案管理等工作制度以及教师和教学管理人员岗位责任制度和奖励制度，学生守则、课堂守则等学生管理制度等。制度健全至少应有三个条件，即完备性、可操作性和可检测性。完备性是指制度完整，各岗位职责和各主要管理环节都应有明确的要求和规定；可操作性是指制定的规章制度便于操作，管理者可按要求去做；可检测性是指质量管理工作可以检测，并与奖罚挂钩。

（二）督导检查

督导检查是学校教育教学质量监控管理经常采用的形式，有经常性的督导检查和定期督导检查两种。前者主要通过平时作业、测验、期中考试、召开座谈会、检查性听课等方式进行；后者一般有开学前的教学准备工作检查、期中教学检查和期末检查等，也可分常规的质量督导检查和重点项目的督导检查等。

（三）环境营造

首先，营造优良的法律环境。法律法规以其强制性影响着高等教育质量管理，能使后者在理论与实践层面发挥双重作用，能对其发挥理论指导作用与行为约束作用。将教育管理质量保障机制纳入教育法律的规定与规划中，可以使前者获得有效监管，使高校管理者更加积极地、认真地参与教学管理工作、参与学生培养工作。

其次，营造优良的文化环境。高等教育管理质量的提升离不开优良的文化环境，甚至可以说后者是前者实现的先决条件。具体来说，高校可以从师生都非常熟悉的校园文化建设入手，打造优质校园文化环境，使师生在校园的任何角落都能为优秀的校园文化所感染。此外，高校还应该从用人单位的角度分析高校教学管理存在的问题，并基于问题提出合理的解决方案，进而将方案融入校园文化建设中，使校园文化真正成为保障高等教育质量的重要方面。

（四）反馈调节

高校应该建立完善的反馈机制，拓宽反馈信息渠道，进而能全面收集与高等教育教学有关的信息，并通过这些信息来审视自己的管理与教学行为，不断地改正自己错误的行为，使自己可以处于非常优良的发展状态中。应该对高校管理者在管理工作中的实际行为进行动态把握，要在把握其行为的基础上了解其是否高效地完成了管理工作。

第四节 高校教育质量评估体系的构建

一、重视评估专家队伍建设

（一）做好专家遴选工作

可以从社会中选择一些评估专家，在对其进行遴选时要考虑多方面的内容，不仅要考虑其年龄与学历，而且还要考虑其职称与能力等。

（二）重视专家培训工作

高等教育质量保障体系本身就是一个十分庞大而复杂的系统，这导致其评估工作也是非常不容易的。因此，对于所有的评估主体来说，其不能固守原有的评估知识，而是应该开阔视野，学习新的评估知识，使自己的评估知识体系变得更加完善。为了高质量地完成评估工作，评估主体应该加强评估理论知识学习，能全面地将理论知识运用在实际的评估工作中。

一方面，要让评估主体定期参与培训活动，并在培训活动中了解与教育有关的教育法规政策，同时还要学习先进的评估理论，总结评估经验，探索新的评估方法；另一方面，要加强对评估人才的培养，从而壮大评估队伍。

（三）加强对外交流与合作

评估人员应该开阔自己的视野，不仅与国内的评估人员进行沟通与交流，也要与国外的评估人员进行交流，了解国外先进的评估理念与方法，从而在吸收先进的评估理念与方法的基础上提升自己的评估能力与水平。此外，国家在进行高等教育质量评估工作时，还可以邀请国外专家进入评估组，从而使中国高等教育评估工作在保持本土特色的基础上具有国际化特征。

二、完善评估实施方案

评估效果受到多种因素的影响，其中，评估实施方案也会对评估效果产生不小的影响。因此，在开展实际的评估工作之前，应该制定更加完善的评估实施方案。

（一）完善评估指标体系

要总结中国高等教育质量评估经验，借鉴国外的评估指标，运用定量评价与定性评价方法构建完善的评估指标体系。在构建评估指标体系时，不仅要考虑学校的类型，而且还要考虑学校人员的层次结构等内容，也就是要从不同的方面把握，这样构建的评估指标体系才是一种十分完善、科学的评估指标体系。

（二）完善评估方法与技术

信息技术已经渗透进人们生活的方方面面，也已经在高等教育领域发挥了重要作用。基于此，可以将信息技术运用在高等教育质量评估工作中，一方面能提高评估的效率，另一方面，技术的引入能最大限度上减少人的参与，从而弱化人的主观能动性对评估的影响，这就使评估的科学性与合理性获得了保障。不能再一味地使用单一评估方法，毕竟高等教育质量评估工作是极为复杂的。可以将定量与定性方法、实证与人文方法结合起来，同时还应该为评估工作的开展创造优越的条件，既保证评估程序的科学性，又保证评估专家的权威性。

（三）制订元评估方案

元评估方案的内容与标准可从对评估方案的评估、对评估实施的评估、对评估结果的评估等三个方面来考虑。具体可细化为：评估指标是否清晰、完备、简易、可测；评估权重分配是否恰当；评估标准是否符合评估目标；获取、处理评估信息的步骤、方法是否科学；评估程序是否严谨、明确，其执行是否规范；专家组的构成是否合理，其组员的资质是否符合要求，自律情况如何；专家组的工作是否深入、细致、公正、客观；评估结论的依据是否充分、明确，是否符合实际情况；评估结论是否被评估客体理解、接受等。

三、建立评估管理体制

（一）保证质量保障评估机构的垂直化

国外评估机制主要由国家控制、评估机构评估、高校自我评估和社会监督几大要素组成的。这一评估机制的形成与各国高等教育发展的现实情况相符合，也能适应各国高等教育的变化与发展。要清楚的是，中国高等教育的发展有着自己的实际情况，政府依然在中国高等教育发展中发挥重要作用，社会力量在高等教育中的作用并不显著。因此，现阶段的高等教育质量评估工作也依然是中央政府与地方政府的重要任务。

可喜的是,中国已经有不少省市陆陆续续地成立了专业性的教育评估机构。尽管机构中的评估人员数量不多,但基本上已经确立了稳定的评估队伍,这使社会评估力量开始在高等教育质量评估中发挥作用,也使大众更加认可评估的结果。

教育部高等教育教学评估中心应该继续引入市场机制,使社会评估机构可以参与高等教育质量评估工作,促成政府与社会评估力量的有效融合,这有利于建构更加完善的高等教育质量评估体系。这样的一种体系十分重要,能让高等教育质量评估更加全面、科学,也能让政府从繁重的评估工作中解脱出来。

(二)对非政府评估机构加以重视

评估主体不应该只是包括政府,社会中介机构也应该成为评估的主体,与政府一道完成高等教育质量评估工作。不少西方国家的高等教育质量评估体系中就包括了社会中介机构的评估。教育市场的需求呈现出明显的多元化发展倾向,因此,教育评估主体也应该适应教育市场的发展保持多元性特征。在保证政府的教学评估中心平稳运转以外,还应该允许社会中介机构参与高等教育质量评估工作。一般来说,社会中介机构是独立存在的,其制定的评估标准更加客观,能比较清楚地将高等教育的发展情况反映出来,是对政府评估的有效补充。社会中介机构可以是一些专门的评估事务机构,也可以是媒体组成的群体[1]。社会中介机构的参与能弱化政府对高校办学的控制,使高校在一定程度上能获得办学自主权,应能使政府对学校的直接管理转变为一种间接的政策调控。

---

① 刘晓平. 北京邮电大学本科教学质量监控 [M]. 北京:北京邮电大学出版社,2007:10.

《 第三章

高校教育与管理创新

高校不仅是传播文化的重要场所,而且还是培养高素质人才的重要场所。高校要明确自己的角色与任务,不为传统教育管理手段所限制,而是应该创新管理理念,从而为社会输送更多优质的人才。自从中国实施改革开放政策以来,中国社会各领域都获得了不错的发展,尤其是高等教育取得了较为优异的成绩。高等教育在保持自主性发展的同时,还应该探索多层次的模式,从而使高等教育成为培养人才、促进社会发展的重要手段。本章主要对高校教育与管理创新的相关知识进行系统论述。

第一节 高校教育管理的内涵与本质

一、高校教育管理的内涵

管理一般是指在特定的环境下,对组织所拥有的资源进行有效的计划、组织、领导和控制,以便完成既定的组织目标的过程[①]。管理是人们依据社会发展的客观规律和在特定历史条件下有意识地调节社会系统内外的各种关系和资源,以便达到既定的系统目标的过程。很显然,这两个表述并不矛盾,只是表述的方式稍有差别而已。前一个表述直接一些,比较简练直观;后一个表述宏观一些,是从社会系统的角度进行表述的。

① 洪剑锋,屈先蓉,杨芳. 互联网时代下高校教育管理与评价创新[M]. 延吉: 延边大学出版社,2021: 18.

高校教育管理是根据高校教育的目的和发展规律，调配高校教育资源，调节高校教育系统内外的各种关系，进行计划、组织、领导和控制，以便达到既定的教育目标的过程从教育管理的层面来讲，高校教育是中等教育基础之上的教育，因此，它是指高校教育这一层面上的管理。

高校教育管理的概念指出了高校教育管理的任务，那就是有意识地调节高校教育系统内外的各种关系和高校教育资源，以适应高校教育发展的客观规律。从一个国家或者地区来讲，高校教育系统是国家或者地区社会系统中的一个子系统；从高校教育组织系统来讲，高校也是一个子系统。由于系统中存在着多种矛盾，因此，高校教育管理的任务就是协调并最终解决系统中存在的矛盾。在高校教育管理中，要用系统论的思想来设计高校教育的整体和各部分之间、要素与要素之间、学校系统与外部环境之间、学校系统内部的子系统之间的相互关系，树立整体的观念，并通过有效管理实现系统要素间的整体优化。

高校教育管理的概念还指明了高校教育管理的目的是不断促成高校教育系统目标的实现。在高校教育系统中，培养人是根本目的，高校教育系统的一切工作（包括管理工作）都必须围绕这一目的展开。高校教育管理是对高校教育系统中各种关系和资源的协调，通过有效管理，确保高校教育目的的实现。因此，高校教育管理最终也只是手段。当然，高校教育管理有其自身的需要，其自身也有目的，如效率就是管理的目的之一。

综上所述，不论是宏观的高校教育管理，还是微观的高校教育管理，依据的都是国家的教育方针、组织的发展目标、高校教育的基本规律以及社会政治、经济、文化的发展背景与环境，通过立法、行政、经济、市场等手段进行协调和控制，保证高校教育人才培养质量、推动科学文化知识创新、促进社会进步等目标的实现，最终实现高校教育的可持续发展。

二、高校教育管理的本质

第一，高校教育管理是在高等学校这一特定的社会组织中进行的。社会组织是管理活动的必要组成部分。对高校管理而言，高等学校就是高校管理的必要组成条件，是专门为社会培养与输出人才的重要社会组织，高校管理的首要任务就是进行大学生的系统性教育与培养，在此基础上可以说，高校管理是为实现人才培养组织目标的一种特定管理活动。

第二，高校教育管理的目的是实现高等学校的人才培养目标，促进大学生的全面发展。与任何管理都是在社会组织中进行的一样，任何管理都需要有预定的组织目标，目标与管理是相辅相成的。高等学校为社会进行的人才培养是高校教育管理中的一项重要内容，高校教育管理要以实现高等学校的人才培养目标、促进大学生发展为首要且基本的任务，这样才能够为社会输送德、智、体、美、劳全面发展的创新和实践精神较强的社会建设人才。

第三，高校教育管理的实质是要有效地利用学校的各种资源，为大学生的成长成才提供指导和服务。大学生能够顺利完成学业，并且在高校学习过程中能够得到高等学校提供的各方面指导与服务，是高校教育管理的最主要的目标与任务，如提供资助服务给家庭经济困难的学生、给毕业生提供必要的就业指导服务、对大学生在校期间的行为进行正确的引导等。因此，在此期间更需要高等学校有效地利用学校的人力、财力、物力等各种资源，进行科学的策划与组织，以期提供给大学生更多的成长空间与服务指导。

第二节　高校教育管理的价值与原则

一、高校教育管理的价值

价值属于经济学范畴用词，商品生产的出现导致了价值概念的产生凝结在商品中无差别的人类劳动就是经济学中价值的概念。随着社会的发展与科技的进步，价值的范畴进一步扩展，在社会政治、法律、道德、科技、教育和管理等各个领域中都得到了广泛而充分的应用与发展，逐渐成为人们评价一切事物的一般标准。由此可见，价值又在哲学意义上做了引申。客体对于主体的作用和意义是价值在哲学意义上的定义，是对客体的属性和功能与主体的需要之间的特殊关系的体现，即客体属性和功能对主体需要的满足关系。

在这里，价值又在一个关系范畴之中，主客体的存在是其存在的必要条件，具体可分为两方面来说：① 主体的需要在价值的衡量上具有重大意义，是衡量价值的标尺，判断事物或对象是否具有价值，也需要看该事物或对象是否可以满足主体的需要，由此可见，价值离不开主体；② 客体的属性和功能是价值的载体，价值的实质，也就是客体的属性和功能对主体需要的满足，由此可见，价值同样离不开客体。

作为为社会输出人才的高等学校，高校教育管理的意义重大，它本身的属性和功能既满足了大学生成才的需求，又满足了社会进步的需求，同时反映到高等学校自身发展上，也满足了高等学校自身发展的需求，由此可见，高校教育管理亦具有较高的价值。关系范畴的价值主客体缺一不可，具体到高校教育管理的价值，其主体就是社会、高等学校和大学生，客体就是高校教育管理本身。

第一，作为客体的高校教育管理本身。高校是为社会输送各种各样人才的基地，高校教育管理对人才的形成、培养和成长都具有极大的推动作用，而对高等学校来说，高校教育管理的好坏，也直接影响着高等学校的发展，高校教育管理做得优秀，为社会输送的优秀人才增多，高等学校的知名度的加大，对高等学校的未来发展可以说是一个正向的反哺，所以高校教育管理的价值是建立在高校教育管理本身的属性和功能上的。

第二，作为主体的社会、高等学校和大学生。高校教育管理的最终目的是为社会输送合格的人才，高等学校是高校教育管理的实施者，大学生是高校教育管理的管理对象，社会是检验高校教育管理成果的验金石。

综上所述，高校教育管理的价值就体现在其属性和功能对社会、高校和大学生需要的满足上。

二、高校教育管理的原则

（一）科学性原则

一切教育活动都应该遵循教育规律，应该使用较为新颖的管理理论与方法，这就是高校教育管理强调管理科学性的表现。教育管理活动具有双重属性，它不仅是一种教育活动，而且还是一种管理活动，因此，要保持其科学性，应从以下两点出发：第一，教育必须要与社会的政治、经济发展的脚步相一致；第二，教育要关心学生，要与学生的身心发展特点相一致。

（二）规范性原则

高校开展的教育管理活动要依据一定的法律法规，要始终沿着规范的道路前进，这便是高校教育管理的规范性原则的体现。规范性原则可以从以下两点反映出来：第一，必须要根据相关法律法规进行高等教育管理，这是促使管理活动规范化不容忽视的条件；第二，教育法规反映了国家意志在教育领域中的表现，是高校必须要始终遵守的。

（三）方向性原则

保持高校教育管理方向性原则的根本出发点在于"培养什么人"和"如何培养人"。高校教育管理是高校教育教学及办学内容中的重点之一，涉及高校教育教学的各个方面。高校教育管理工作的成效，会直接影响到当今高校能否完成培养社会主义事业建设者和接班人的目标。

方向性原则是指高校教育管理目标的确定，高校教育活动的开展，都需要参考高校育人的总体目标，并且保持高校教育管理目标的正确性。高校教育管理目标的确定，还需要遵照国家教育方针政策中规定的相关标准，保持方向上的统一性。因此，方向性原则是高校教育管理中的决定性原则，只有坚持这一原则，才能使整个高校教育管理的总体目标呈现出正确性趋势，使高校教育管理的方向不跑偏，真正有利于社会主义事业建设者和接班人的发展和教育。这种方向性原则，是带有高校特有的教育管理属性的，也是在我国过去高校教育管理经验的基础上累积和分析而来的[①]。

（四）综合性原则

高校在开展教育管理活动时应尽可能地将教育系统中的要素调动起来，使其共同推动高等教育的发展，这就是高等教育管理综合性原则的体现。教育本来就是一个有着多样层次的系统，系统中的所有要素都是彼此联系、相

---

① 杨扬. 高校教育管理信息化创新发展策略［J］. 现代企业，2020（3）.

互制约的。因此，必须要把握教育系统中的要素对高等教育管理的重要性，同时应认识到外部要素在高等教育管理中也发挥着不容忽视的作用。

（五）有效性原则

有效性原则是指教育管理活动中要合理地组织和利用人、财、物和时间资源，从而获得较高的效率和较好的效益[①]。有效性原则的基本点：第一，提高用人的效益；第二，提高对财物的利用率；第三，提高时间利用率。

（六）发展性原则

建立和促进高校教育管理的发展性原则，首先是管理工作本身呈现出来的发展性特征；其次是高校教育管理通过对学生的全面发展而具体呈现。从高校教育管理自身出发，当前，我国社会生活呈现出发展变化的复杂性特征。高校教育管理工作的各个方面都呈现出剧烈变化的态势，如高校教育管理内容的趋势、对象等。这就要求高校教育管理的制度、结构能保持变化的驱动力，高校的管理方法、管理目标和管理手段要进行及时的修正和调节，保证高校教育管理工作的成效性。

第三节　高校教育管理的类型与过程

一、高校教育管理的类型

（一）高校文化管理

文化管理就是"人化管理"，就是以人为根本出发点，并以实现人的价值为最终目的的尊重人性的管理。这种管理是靠管理主体与管理对象之间所形成的文化力的互动来实现的。文化管理的核心是"以人为本"。

---

① 吕浔倩. 信息化高职教育教学管理研究［M］. 西安：西北工业大学出版社，2019：46.

学校文化管理是对企业文化管理的借鉴，即便如此，对于前者来说，后者只是对它的一种促进，其依然要靠其内部的文化因素来获得发展。从本质上来看，学校就是一个文化实体，它的主要任务之一便是传播与传承文化，培养具有文化素养的人才。

文化学校中发挥的作用是一种润物细无声的作用，能让师生在不知不觉中获得熏陶，进而使其思想与文化素质得到显著提高。因此，学校管理工作必须要将文化纳入其中，高校必须要加强文化管理。

学校文化管理依然还是一种学校管理活动，只不过它强调学校文化建设，认为可以利用文化资源开展学校管理工作。

高校既是文化发展的重要成果，又是文化建设的重要载体，作为人才培养的基地，高校理应发挥文化育人作用，为中国特色社会主义事业培养建设者和接班人。作为知识的集散地和思潮的发源地，高校理应成为社会文化的风向标和引领者。在推动社会主义文化大发展、大繁荣的进程中，高校一方面要加强自身的高校文化建设，另一方面要承担文化传承创新、文化辐射引领和文化服务支撑的重要使命。突出"以文化人"的教化性，这是高校文化区别于其他文化形态的重要特质；注重主流价值的导向性，这是建设社会主义高校文化的必然要求；建设各具特色的高校文化，这是各个高校张扬个性，增强文化发展生命力的关键所在。高校文化的内部功能主要表现为教化育人，高校文化的外部功能则包括文化的传承与创新、传播与辐射、示范与引领、服务与支撑诸多方面。

（二）高校课程管理

学校教学管理包括许多方面。其中，课程管理是比较重要的一部分，能显著提高教学的质量与水平，也能促进人才培养质量的提高。最近，国家早已经认识到了课程改革的重要性，积极地丰富课程内容、创新课程教学方法，从而显著提高了课程教学质量。

课程教学质量的提高问题与课程管理问题息息相关。因此，可以通过完善学校课程管理促进教学质量的提高。但必须要强调的一点是，当前的课程管理还是一个比较新的领域，许多问题还没有特别准确的答案。而且，从当前高校管理的现实情况来看，不少管理者的管理意识淡薄，课程改革无法适应高校人才培养的新要求，等等。这些问题都使当前的高校课程管理困难重重。

从理论层面上解读，第一，课程管理的理论研究并不深入，研究成果并不多，以至于其对课程管理工作实践的指导作用发挥有限。中国当前在课程管理工作中使用的理论是西方课程理论，这些理论是西方教育家在总结西方课程管理实践的基础上获得的，并不完全适合中国课程管理工作，因而研究人员并不重视这方面的研究。当前的课程管理理论研究如果要想获得更加开阔的研究视野，就必须要解决一些基本问题，比如课程开发问题、课程设计问题、课程评价问题等。在课程理论改革不断推进的过程中，课程管理问题已经为不少人所重视，课程管理及其相关问题开始被学界提上研究议题，这使其体系越来越完善。第二，高校课程管理研究是高等教育管理研究的一部分。高等教育管理的研究与高校课程管理的研究在总的指向上是一致的，这就能最大限度上保证培养的人才的质量，使其能为社会所接受与认可。高等教育管理学目前已经发展成一门独立的学科，涉及的内容众多，不仅包括高等教育方针政策、高等教育体制，而且还包括高校内部的组织管理、教学管理等内容。相比之下，高校课程管理的内容比较具体，既有课程标准的制定、课程实施的监控，也有课程管理机构的设立等。正是因为如此，高等教育管理学无法具体指导高校课程管理工作，只能从整体上把握高校教学管理的框架，对各种原理性的内容进行分析。

从实际层面看，第一，高校课程管理研究有效地使高校管理者的管理理念发生了改变。一直以来，高校运行机制都是自上而下进行的，没有脱离行政框架的束缚，同时，不管是学校的规模，还是学校的人才培养规划都是由国家制定好的，高校只需要"服从"。这使政府过多地干预了高校的发展，也使高校常年处于一种舒适区中，进而使其没有获得较大发展。中国高等教育管理领域出现了一系列的变化，最为显著的一大变化就是高校课程管理领域的变化。这种变化促使高校课程管理理论被建立了起来，当然，这一理论的建立是有一定前提条件的，这里的前提条件指的是要高校要进行合理的课程设计与课程评价等。可见，当高校课程管理发生变化之后，高校整体的管理理念也会发生相应的变化，这也使高校能获得新的发展。第二，高校课程管理研究能使课程行政顺利转轨。从 20 世纪 50 年代开始，中国高校课程的行政管理工作都是由中央把持着,表现为高度集中的特征。随着社会的不断发展以及课程变革浪潮的涌现,课程领域的新情况层出不穷,主要表现为以下几点:其一,学校课程决定权发生变化;其二,课程要求变得更加灵活;其三,课程内容需要依据人才培养方案做出合理的改变。当课程管理研究内容发生显著变化之后,课程管理体制也应该做出相应的变化。课程行政获得转型之后,学校课程管理工作就会变得更加灵活,也能将中央、地方与高校的积极性调动起来,使其能充分认识自己的职责。第三,课程管理能促使高校课程改革向着更加健康、稳定的方向发展。在教育改革中,课程改革是非常重要的方面,甚至可以看作是后者的突破口。课程改革涉及内容众多,不仅涉及课程的组织与实施,而且还涉及课程的评价等。倘若有关课程改革的这些内容没有得到很好的展现,那么,课程改革的效果就无法获得保证。对当前的中国课程管理现状进行分析,就会发现,课程管理质量与水平明显不高,还无法满足课程改革的多样需求,因此,应该基于课程管理的实际继续深化课程管理改革。

(三)高校学生管理

高校学生管理是高等学校领导和管理人员为了实现高等学校学生的培养目标,按照国家的教育方针和各项政策法令,科学地有计划地对学校内部的人、财、物、时间、信息等进行组织、指挥、协调,并对其进行预测、计划、实施、反馈、监督等的一门管理科学。

高校学生管理是高校管理的一部分,有着丰富的内涵。首先,它需要对大学生进行全面的了解与研究,不仅了解与研究其生理与心理问题,而且还要了解与研究其思想变化情况。其次,要对管理者进行研究,研究他们应具备的思想与文化素质,研究应该怎样打造专业化的管理队伍。最后,研究学生管理的一般规律与机制,同时还要了解学生学习管理、生活管理的具体目标、原则与政策等。

高校学生管理是一项教育工作,它具有教育科学所包含的规律,它也是一项具体的管理工作,具有管理科学所包含的规律。大学生管理是高等教育学和管理学交叉结合产生的一门综合性应用学科,它同所有的管理科学一样,研究的主题是效率,当然具体研究的课题是大学生管理的效率——最有效地达到大学生的培养目标。中国大学生管理,就是要寻求按照党和国家的教育方针，实现培养德、智、体、美、劳诸方面发展的专门人才的最佳方案、最佳计划与决策、最佳管理体制与组织机构、最佳操作程序，它涉及马克思主义哲学、高等教育学、社会学、心理学、管理学、行政学、统计学、控制论、信息论、系统论等很多学科。因此，研究中国大学生管理必须广泛运用各种有关的科学理论来分析，这样才能使学生管理工作者用科学的管理指导思想和科学的管理手段进行有效的管理。

对大学生进行严格管理的过程中，要正确处理以下两种关系[①]。

第一，学生管理与规章制度的关系。高校学生管理要通过制定并实施必要的规章制度来实现。教育部根据党和政府的教育方针、青年大学生成长的特点以及长期以来的工作经验，已经制定了《普通高等学校学生管理规定》，这是对大学生进行科学管理的一个基本的法规性文件。各高校也结合自己的实际情况，整章建制，制定了一系列的规章制度。学生管理的实践反过来又丰富了规章制度的内容，使之更全面化、科学化。

第二，学生管理与思想政治教育的关系。在强调管理工作重要意义的同时，不可忘记思想政治教育的重要保证作用。任何只强调严格管理而忽视思想政治教育，或只强调思想政治教育而置制度管理于不顾的做法，都是片面的，不可取的。因为管理也是教育的一种手段，教育又能保证管理的推行和实施，所以只有把严格管理与思想政治教育有机结合起来，才能使学校工作真正走上井然有序的轨道。

高校学生管理工作的基本任务，不仅包括研究学生管理学的相关体系，即研究高校学生管理工作与活动的知识系统理论，而且更重要的是这种研究必须着眼于寻求学生管理工作本身所蕴含的特殊矛盾，领悟和把握学生管理工作的运行规律，以更好地运用于学生管理工作的实践之中，有力地推动高校学生管理工作。

（四）高校教师管理

1. 高校教师管理影响因素的分类

（1）物质因素

根据马斯洛的需求理论可知，物质因素是人类最基础需求因素，是一切

---

① 李玲. 高校学生管理工作创新研究［M］. 长春：吉林人民出版社，2020：2.

工作开展的基础，因此在高校教师管理影响因素中，物质因素是最为重要的一个因素。高校教师物质因素所包含的范围较大，包括工作环境、薪酬、住房、子女教育、医疗等方面。如果学校对于教师的物质因素进行重视并给予一定的实质性帮助，那么对推动高校教师教学及科研的热情提升将会有很大帮助。

（2）安全因素

高校教师的安全因素是在物质因素上更进一步地提升，身体的安全与健康是保证高校教师能够安心工作的重要因素，因此在高校教师管理影响因素中占据着尤为重要的地位。安全因素可以从两个方面进行分析：一个是学校安保工作方面，另一个是学校对教师的体检制度设置方面。首先，学校要重视校内安保工作的开展，招聘安保人员对校内秩序进行维护并保护师生的生命安全。其次，学校要制定科学合理的体检制度，保证教师至少一年体检一次，同时做好教师的安全宣传工作，提升其健康防护意识。

（3）情感因素

高校教师的情感因素相对于其他因素而言要简单一些，虽然简单但也要给予一定的重视，否则也会为高校教师管理工作的开展带来一定的阻碍。情感因素应该做到两点，一是在日常教学过程当中，学校要让教师产生归属感，使其感受到身为学校教师队伍里一分子的自豪感。二是学校也要推动教师团队中的情感建设，保证教师之间形成良好的同事关系，这也是工作环境构建的一个部分。只有情感因素方面不出问题，教师管理工作才可以顺利开展。

（4）自我实现因素

自我实现这个因素是所有因素中最为高级的一个，其对于教师所产生的影响也是最为重要的。学校方面应该要做到三点。第一，在学术上要满足教师所提出的合理条件，给予其学术发展的资源。第二，要给教师提供舒适的内部环境，不只是提高教师的物质生活水平，还要给予教师足够的内部环境，对教师的心理进行辅导，以此来减轻教师的心理压力。第三，要对一些犯错误的教师给予其足够的关怀和激励，推动其创造出更佳的学术成果。

2. 推动高校教师管理发展的对策

（1）给予高校更多的自主权

当前我国高校发展受到着诸多方面的制约，因此教师在日常工作中往往由于各种制约而难以更好地开展教学，从而影响到教师内心对于学校管理的满意程度，影响到学校教学工作的开展。学校方面要在现有的条件下给予教师最大的自主权，鼓励其进行自主教学。同时，学校也要实现管理的民主化，给予教师发言权与参与权，扩大教师在学校各种事务中的决策权与建议权。

（2）深化高校教师评价体系

深化科学合理的考核评价体系是开展好高校教师管理工作的关键一步。在深化高校教师评价体系的过程中，要坚持贴合教师的实际情况，做到科学合理地设置考核目标，而且考核要具有针对性，不同的学科应该采用不同的考核标准，切忌出现"大一统"评价考核现象。

（3）构建科学合理的薪酬分配制度

当前高校薪酬制度的制定犹如死水，很难激起教师的工作热情与学术热情，对高校教师管理工作产生了极大的阻碍。因此，必须制定科学合理的薪酬分配制度。在教师薪酬方面应该考虑分成两个部分，最基础的一部分由教师的工作资历及教师的职称作为衡量标准，此外，还要充分考虑到教师的教学水平及学术成果等。只有保证教师薪酬制度的科学与合理，才能最大程度上调动起教师工作的积极性，才能够将薪酬转化成激励因素，推动教师在学术上不断取得进步。

（五）高校行政管理

教育行政管理旨在培养具有较为扎实的经济科学、管理科学和教育科学理论基础，具备较为开阔的社会科学学术视野和掌握现代教育经济与教育财政研究方法的复合型专业人才。以适应我国政治经济文化发展和教育教学改革对高层次人才的需要，为中国教育经济与管理的发展造就一批与时俱进、奋发有为的高级人才。

高校行政管理可以采用多样的措施来引导学生构建合理的生活、学习秩序，引导教师构建合理的工作与教学秩序，可见，它能让教师的教学、学生的学习始终处于比较规范的状态中，因而能促成教师优秀科研成果的出现，能促成高素质人才的培养。行政管理工作的主要内容是为教师提供行政服务，其内容十分繁杂，工作人员的工作量极大。即便如此，工作人员依然要履行自己的职责，为师生提供优质的行政服务，这给高校行政管理改革以启示，不管高校行政管理工作如何开展，始终都要围绕提供优质服务展开。

高校行政管理与学术管理相辅相成，因此，高校的内部事务可以划分为学术事务和行政事务。与之相对应，高校的管理可以划分为性质不同而又有关联的学术管理和行政管理。高校是知识的殿堂，学术管理在高校管理中具有举足轻重的作用。高校学术管理的主体包括学术人员和学术组织。学术管理的客体是学术事务，包括教学活动、科学研究、学科建设、课程设置、师资培养、学位授予以及就业、招生等事务。高校具有学术属性的同时，还具有行政属性，在其发展的过程中形成了自己的层制结构，具有自己的行政体系。高校行政管理的主体是行政管理人员和行政机构，其客体是行政事务，主要涉及人事、组织、宣传、基建、后勤等事务。

高校行政管理的目标有基本目标、短期目标与终极目标等的区分。其终极目标表现为将学校的人力、物力等资源最大限度上发挥出来，同时促成学校各种任务的高效完成。中国高校行政管理可以借鉴国外比较先进的管理理念与方法，同时还要考虑中国现阶段的高等教育国情，进而构建完善的高校行政管理体系。这一体系不仅能促进高校教学质量的提升，能促成科研目标的达成，而且还能培养更多高素质的大学生。目前，中国高校数量众多，由于高校扩招，每所高校的大学生人数也有着明显的增加，这使每一位学生获得的资源变少，因而也影响了高校管理的质量。高校行政管理在高校管理中的地位非常突出，其不仅能左右高校办学的方向，也能对党的教育方针在高校中的贯彻产生一定的影响。此外，高校行政管理水平还会影响教学科研资源的配置，一般来说，水平越高，配置就更加合理。因此，在开展行政管理工作时应该加强教学科研资源的合理配置①。

二、高校教育管理的过程

（一）高校教育管理过程的内涵

高校学生在高校学习和生活过程中会出现很多干扰因素，这些干扰因素

---

① 丁兵. 当代高校教育管理研究［M］. 西安：西北工业大学出版社，2019：71.

影响和制约着高校学生的成长与发展，因此，高校教育管理为实现教育目标就需要对此情况进行规范与调整，这就是高校教育管理的过程。

高校教育管理过程实际上是一种循环往复的动态运行过程，其实质就是对组织环境和管理对象的变化与发展做一个良好的把握，通过对各种因素的实时调节与管理，在动态的情况下实现组织目标。相比高校教育管理的系统性的动态过程，单一的管理行为是没有办法直接达到管理的目的的，高校教育管理的目的只能在这个动态管理过程中完成。高校教育管理工作的良好实施离不开对管理过程的充分认知和把握，只有对高校教育管理过程进行全面的认知，才能将管理内容进行由整体至局部的拆解，继而彻底地做好高校教育管理的各部分工作以及整体上的工作。

（二）高校教育管理过程的特点

1. 以育人为中心

高校教育管理的根本任务就在于保证实现高等教育的目标，完成各项教育教学任务。因此，高校管理者必须在高校教育管理过程中贯彻育人的目的。也只有围绕育人来进行各项管理活动，才不会在大的方向上出现偏离，也才容易实现管理目标。高校教育管理过程以育人为中心的这一特点要求高校管理者必须科学地确定培育人才任务的管理目标、制订规划和计划；把全校教职工组织起来实施规划和计划；检查监督计划的实行；总结工作绩效、评价学生素质水平。

2. 具有较强的有序性

高校教育管理过程是按照一定的程序来进行的。关于具体是什么程序，不同的学者有不同的看法。按照学术界的一般认识来看，高校教育管理过程主要分为四个环节，即计划、执行、检查、总结。这四个环节的顺序不能颠倒，全部过程要按顺序完成，构成一个循环，形成一个高校教育管理周期。尽管在实际的管理工作中会受到多种因素的影响，从而操作起来会复杂很多，但是它们的前后次序是不能颠倒的。可见，高校教育管理过程具有较强的有序性。

3. 具有一定的控制性

高校教育管理过程的运转总是会受到一定条件的制约。这些条件主要包括国家的教育方针、政策、教育目的、管理目标以及管理体制等方面的要求。

4. 具有动态的整体性

高校教育管理过程的各个环节是相互联系、相互促进、有机结合在一起的，而非一个个孤立的部分。在管理过程中，计划统率着整个管理过程，执行是为了实现计划，检查是为了监督执行，是对计划的检验，总结则是对计划、执行、检查的总评价。每一个环节，都具有反馈回路，动态地推动工作前进，促进决策的不断完善[①]。

（三）高校教育管理过程的构成要素

高校教育管理过程包含四个基本要素，即管理者、管理对象、管理手段和职能、管理目标。这四个基本因素是协同合作必不可少的。以下就是这四个基本因素的具体内容。

第一，管理者。在高校教育管理过程中，谁来进行管理。

第二，管理对象。高校教育管理是一个整体管理的过程，其中必然涉及管理什么，高校教育管理的管理对象众多，人、财、物、时间、空间、信息等都包括在内。

第三，管理手段和职能。高校教育管理必然要通过一定的管理手段和方法才能良好运行，也必然要通过一定的方法实施才能发挥作用，达到管理目的，目前而言，除了行政方法、法律方法、经济方法、教育方法等基本管理方法外，高校教育管理还需要对管理对象进行一系列的包括预测、决策、计划、组织、激励等相关举措。

第四，管理目标。高校教育管理需要有可实现的管理目标，以待后期对管理做出方向上的明确与调整，并最终达到预定目标。

（四）高校教育管理过程的基本环节

1. 计划

计划，是指高校管理者在高校教育管理工作中预先拟定的行动纲领。制订计划是高校教育管理过程的第一个环节。管理活动是否取得成功，计划起

---

① 钟亮. 现代高校教育之理性思考［M］. 长春：吉林人民出版社，2019：25.

着非常重要的作用。

（1）调查、掌握材料

计划的第一项工作就是调查、掌握材料。调查主要是为了全面摸清高校教育管理的实际情况，为制订计划奠定坚实的基础。为此，高校管理者应根据自身的实际情况以及工作岗位的特点，搜集数据和资料，全面积累数据，充分掌握资料，并以此为基础整理数据和资料，运用预测的方法，明确高校教育管理工作的方向。

（2）确定目标以及次序

高校管理者应该根据高校管理工作的方向，来分层次确定计划的目标，并将目标按一定的次序排列，切实按照计划来行事。对于那些对高校管理者来说最为重要的事情可以排在第一位，并用特殊的符号注明，如"X"；另外，按照其重要性程度分别确定第二位和第三位等；在同等重要的计划中，可以分别按照重要性在符号上加上数字，如"X1""X2""X3"等。

（3）确定行动方案

高校管理活动在确定具体的行动方案之前，要召集相关人员进行民主讨论。根据决策的要求，对多种方案进行比较研究，分析各种方案的利，吸收其中的精华，融为一体，从而产生切实可行的计划。最后拟定的计划方案必须经过合理的论证。论证的内容包括计划依据的可靠性、计划方法的科学性、计划实施的可行性、计划效益的显著性等内容。为了保证论证效果的合理，可以在论证过程中聘请有关专家进行指导。

（4）计划的执行与控制

行动方案确定后，就该执行计划，也就是按照计划要求的方式、方法和进度进行。在执行过程中，高校管理者应定期对目的、要求、质量、进度等进行检查监督，发现问题及时处理。若属于执行方面的问题，应及时纠正执行中的偏差；若是计划本身的问题应对计划进行相应的调整。

2. 执行

执行是高校教育管理过程中的中心环节。它是指高校管理者调动和运用各种资源把计划中规定的任务与目标贯彻落实到高校教育教学和管理活动的实际中，实现高校管理计划与任务的活动。没有执行环节，管理的一切要求和愿望都将无法实现执行环节的工作内容有很多。作为高校管理者，在这一阶段应重点做好组织、指导、协调和激励四项工作。执行的要求具体如下。

（1）以身作则，优化配置各种资源

高校管理者在执行过程中，应该以身作则，身先士卒，起到表率作用，要求别人做到的，自己要先做到，并且要创设各种条件，为高校的教职工实现既定的计划提供可靠的资源保证。

（2）体察实情，并及时有效地化解各种矛盾

矛盾是事物发展的动力。高校的管理计划在执行的过程中，由于部门与部门之间、个人与个人之间不可避免地要出现一些或大或小、或多或少的摩擦。对此，高校管理者要做到心中有数，同时要善于利用自己的智慧，了解实情，根据高校管理的相关规定或基本原则，对出现的矛盾给予合情合理的处理，最终达到化解矛盾的目的。

（3）赏罚分明

高校管理者要根据各个职能部门的特点以及相关规章制度的规定，将高校制订的计划分别分配到不同的部门和个人，并且按照章程来授权给不同的管理者，要求他们领导下属的员工来执行。在执行过程中，出现问题要做到赏罚分明。

3. 检查

检查，是指高校管理者对计划执行情况进行监督、考核，并发现问题，给出指导建议的活动。检查环节在高校教育管理过程中也是不能缺少的一个环节。它处于执行和总结之间，发挥着承上启下的作用。通过检查，能够对计划的科学性及计划的实施效果进行全面评估和考查；能够对学校领导人员和管理人员自身的各项能力进行考核和评价；能够对教职员工进行考核与监督。检查的要求具体如下。

（1）根据计划内容确定检查对象、步骤与方法

开展检查活动时，管理者必须熟悉计划的内容，根据计划的内容，分别确定检查的对象、探讨对象的特点以及工作的性质，然后根据工作的性质，针对不同的部门和个人，来选择适宜的检查方法，确定检查的步骤。常见的检查方法有考评打分、巡视观察、个别交谈、随堂听课、翻阅教案等。

（2）以原计划为依据，公正客观地进行检查

检查必须尊重客观事实，以实事求是的态度，客观地、全面地、深入

地进行检查。检查的客观性在于要以计划和收集的事实材料为依据,不能主观臆断。检查的全面性在于要对所有的计划内容进行检查,不能顾此失彼,厚此薄彼。检查的深入性在于要对情况进行深入地了解,不能做"表面文章"。

(3)将检查与指导、调节结合起来,讲究实效

检查应注意对高校教育管理工作的指导以及对各部门、个人之间行动的协调,通过指导与协调,来提高高校管理的效率与效能。

4. 总结

所谓总结,就是指对高校教育管理工作进行整体分析、全面评价的活动。它是高校教育管理过程的最后一个环节,标志着一个管理活动周期的结束,又预示着下一个管理周期的开始。总结对于高校教育管理工作有着非常重要的意义。其不仅有助于更好地判断高校教育管理工作,而且还有助于进一步提高高校教育管理工作质量和管理水平。总结的基本要求具体如下。

(1)树立正确指导思想,具有鲜明的目的性

高校管理者在进行总结时应该树立正确的指导思想,突出鲜明的目的性。这就要求其必须做到:不单纯为了惩罚与奖励而总结;不流于形式;总结中注意发现问题、解决问题;为了更好地做好未来的工作而总结。

(2)要有全面、真实、有效的检查考核材料

高校教育管理过程中的总结要以事实为依据,必须有详细的总结材料,否则就不能起到应有的作用。这些材料应当通过平时的观察和记录来收集。

(3)要与计划要求相对应

总结是对计划执行情况进行评价的过程。如果总结脱离了计划,则不仅会使原有计划、目标失去意义,而且还会使总结缺乏客观依据和标准。因此,高校管理者在总结时必须以计划为依据,以计划中制定的目标作为评估的标准和依据。

(4)注重规律和经验的总结

从实质上而言,总结就是要把握高校管理工作的规律性,使经验上升为理性认识。因此,高校管理者做总结时,应当既分析成功的原因,又分析失败的教训。原因不只要找外在的原因,还要找内在的原因。

第四节　高校教育管理创新的现实困境与策略

一、高校教育管理创新的现实困境

（一）教师对信息技术在教育管理中的应用并不重视

现在是信息时代，信息技术已经融入社会生活的各个领域中，高校教育管理者也应该积极地学习与掌握各种信息技术，并将其运用在高校教育管理中。但现实情况是，许多教育管理者并不具有信息化教育管理意识，同时，也不具备一定的信息化管理能力，这导致信息技术在高校教育管理中的应用率不高，高校教育管理的质量不高[①]。有些管理者与教师将信息技术应用在教育管理中的能力不强，这是因为许多高校并未认识到信息技术在教育管理中的重要性，因而没有对高校管理者与教师进行定期培训，因而他们无法及时了解高校教育管理信息化发展的趋势，也无法在第一时间了解最新的教育管理理念与方法。此外，在利用信息技术进行教育管理方面，有经验的教师与青年教师之间存在显著差异，前者受传统教育管理思维所限，并不认同信息技术在教育管理中所发挥的作用，甚至一味地排斥它，而后者比较肯定信息技术在教育管理中的作用，并在教育管理实践活动中积极引入信息技术。

（二）教育管理模式单一

信息技术有着极强的渗透性，已经深刻影响着人们的工作与生活。在高校教育管理方面，不少高校并未认识到信息技术在高校教育管理方面所能发挥的作用，因而也不重视教育管理者与教师信息化水平的提高问题。这导致不少教育管理者与教师无法深刻理解教育管理信息化的内涵，无法实现信息技术在高校教育管理中的创新应用。而他们对信息技术认识得不深入又会使其很难在教育管理实践活动中应用它，以至于教育管理模式长期处于比较单

---

① 吕作为. 大数据环境下高校教育管理信息化发展之路［J］. 齐鲁师范学院学报，2022，37（2）.

一的状态，教育管理者与教师只是一味地使用传统的教育管理模式。传统的教育管理模式的确在过去的教育管理中发挥了重要作用，但在时代的发展变迁与高校教育管理改革背景下，传统单一的教育管理模式已经显现出了它的弊端。可见，教育管理模式必须要进行适当革新。

（三）忽视教育管理网络平台的建立

当今时代，网络发展迅速。网络平台上有着大量的资源，人们可以根据自己的工作与生活需求在网络平台上收集大量的资源。借助网络平台上的资源，人们的工作与学习效率有显著提升。基于此，高校教育管理工作也可以借助网络平台开展，但现实情况是高校教育管理工作内容主要包括对教师教学的管理和对学生学习的管理，并未能实现教师与学生之间的顺畅交流[①]。因此，建立教育管理网络平台是十分有必要的。不过，需要指出的是，在建立教育管理网络平台时，还应重视平台的安全与制度机制建设，以防止教师与学生信息泄露情况的发生。

（四）管理网络平台的制度建设有待加强

有些高校其实已经意识到了建立教育管理网络平台的重要性，并也在积极地开展这项工作。应该指出的是，建立教育管理网络平台的确能提升教育管理的效率，这是网络平台建立的积极方面。从消极方面来看，高校教育管理网络平台还存在着制度机制建设不完善的问题，许多教师与学生的信息被随意地放置在网络教育平台上，并未对其进行合理的保护，这导致教师与学生的许多信息都处于随时被泄露的风险中。可以看出，当前的高校教育管理网络平台的制度建设还需要继续加强。

二、高校教育管理创新的策略

（一）遵循以人为本的原则

新时代高校教育教学管理工作的出发点与落脚点，还是应回到大学生群

---

① 刘叶. 大数据时代下高校教育管理工作优化路径探析［J］. 黑龙江科学，2022，13（5）.

体中去，从本质上说高等教育管理属于人的管理，这种管理工作就应做到以人为本，实施人性化、柔性化管理。对于管理工作人员与教职工而言，必须端正教育管理态度，切实维护学生的切身利益，促进各项管理服务工作的有序开展。新时代高等教育的根本任务是立德树人，为中国特色社会主义事业培养出德智体美劳全面发展的专业人才，教育教学管理工作的开展应遵循问题导向与目标导向原则，以提升大学生群体满意度、幸福感、尊重感、获得感为终极目的，本着"一切为了学生、育人第一、服务至上"的工作方针，构建全员全方位育人的教育管理体系，鼓励教师因材施教，满足大学生的个性化需求，尊重他们的个性发展，重在品质构建与道德熏陶，让制度的硬性约束与弹性管理的人性化特征结合起来，促进教育管理朝着大众化、服务化方向发展。高校教育管理工作还应考虑到大学生群体的身心发展规律，按照教育规律的要求来提升他们的理论素养、实践技能，培育创新意识，并不断提升他们的综合素质，这是专业实施领域的目的；在道德品质理想信念领域中，还应培养他们的集体主义精神、爱国主义精神，加强道德品质熏陶，促进他们的生理与心理健康发展。各项教学管理服务工作的开展应围绕着学生的实际需求来开展，着力解决好他们在学习与生活中关注的热点与难点问题，关注贫困生与困难学生群体，为他们开辟绿色通道，尽可能为他们提供公益性勤工助学岗位，保证他们不会为生活费发愁；关注学困生群体，鼓励成绩优秀的学生来积极帮助后进生，授课教师也可以适当向后进生倾斜，保证每一名学生都不会掉队，顺利完成学业。总之，各种措施的推进，让每一位大学生都能感受到学校提供的人性化、温情化服务。

（二）注重教育教学管理保障体系创新

教育管理创新必须要有一定的保障体系做支撑，这表现为以下三点。第一，要广泛听取意见。要随时听取来自教育主管部门、社会、学生家长等各方关于教育管理创新的建议，并在合理分析建议的基础上适当地选择一些建设性意见纳入教育管理制度的制定中。第二，要建立完善的评价体系。要丰富评价主体体系，使评价主体从一元走向多元，同时还应该继续创新评价方法，加强不同评价方法的综合使用，从而不断提升评价的质量与效率。第三，加强高校教育管理的信息化建设。人类已经进入信息化时代，高校应该紧抓信息技术发展的规律，充分掌握关键信息技术，并将其运用在高校教育管理工作中，从而最大限度上提升教育管理的效率。

（三）提高教师的信息素养

高校教育管理工作质量与效率的提升受到许多因素的影响，教师就是其中不容忽视的一个因素。教师如果能紧跟信息时代教育管理发展的趋势，能以管理人性化为目标，尊重学生的身心发展规律，利用信息技术解决高校教育管理工作中的难题，那么，其就能从整体上提升高校教育管理信息化的水平。基于此，高校领导者必须要认识到教师素养在高校教育管理工作中的重要性，采取必要的措施不断提升教师的信息素养。

首先，应引导教师认识信息技术，并使其将信息技术运用在教育管理工作中。网络是无限的，上面有着大量的信息，借助网络平台，教师可以迅速、全面了解学生真实的学习情况与思想状况，进而根据这些内容及时调整教育管理计划。倘若教师对信息技术并不足够了解，甚至还排斥信息技术，那么，高校教育管理的信息化发展目标就无法实现。因此，高校应该积极地引导教师认识与理解信息技术，并能使其将信息技术更好地应用在高校教育管理工作中。

其次，高校应该多提供给教师一些参与培训的机会，使其在接受培训中了解更多的信息技术知识，提升信息技术与高校教育管理融合的能力。同时，还应该指导教师构建网络平台，使其能在网络平台上与学生进行更加亲密的互动。过去，教师与学生在传统教育活动中的互动比较少，这是因为学生始终把教师当权威，而在网络平台上，学生完全可以把教师当朋友，这样，教师就能与学生完成近距离的交流，了解学生的心理困惑，进而帮助他们获得更加健康的心理状态。

（四）革新教育管理模式

高校教育管理人员一直以来都为传统教育理念所扰，因而在实际的管理工作中只是关注教师教学与学生信息的收集与管理，并未对其他方面的信息进行分析与总结。很明显，这在一定程度上会限制高校教育管理水平的提升，同时也会影响教师教学活动的开展[①]。因此，高校应该认识到这一问题，积极引导管理人员将信息技术运用在教育管理工作中。高校应鼓励教育管理人员构建教育管理网络平台，并使其将自己收集的网络教育管理资源放置在网络平台上，以使教师与学生能够在网络平台上完成高效的沟通与交流，从而在无形中完成高校教育管理工作效率的提升。另外，高校教育管理工作人员还应该对自己工作中存在的各种问题进行分析，了解问题存在的原因，进而对传统教育管理模式进行革新，探索教育管理的新路径。

高校教育管理人员应该充分认识到信息技术在高校教育管理中的重要性，不断改变自身的教育管理理念，结合信息技术，丰富教育管理模式体系，并最终促进高校教育管理工作效率的显著提升。要尽量摆脱传统教育管理模式的束缚，多与教师、学生进行互动，了解教师在教学中存在的问题，清楚学生在学习中存在的问题，在此基础上，高校教育管理人员就能确保自身的管理思路与教师的教学、学生的学习思路相统一。

（五）搭建网络管理平台

高校教育管理者的工作应该契合信息时代对教育管理工作的要求，以及对人才培养的要求，充分利用信息技术开展教育管理工作。提升高校教育管理工作的质量与效率的一大关键在于教育管理人员，因此，高校应为教育管理者积极构建网络教育平台，从而使管理者开阔自己的教育管理视野，丰富自己的教育管理手段。更重要的是，借助网络教育平台，教育管理人员可以对学生的学习实际有全面的认知，也能时刻把握学生的思想动态，进而就能帮助其完成对学生的全方位高效管理[②]。高校教育管理人员是直接接触学生、对学生有着丰富了解的群体，其也应积极参与教育管理网络平台的构建工作，这样，教育管理网络平台既能在教育管理工作中发挥重要作用，也能使管理人员与学生进行实时的沟通。当管理人员与学生可以借助网络平台进行交流，那么，教师就能充分了解学生在生活与学习中存在的困惑，进而在分析学生困惑的基础上完成对教育管理网络平台的创新。

---

① 李灵曦. 大数据对我国高校教育管理的影响及对策研究［J］. 中国管理信息化，2022，25（2）.

② 唐亭婷. 大数据时代高校学生教育管理工作个性化研究［J］. 高教学刊，2021（7）.

（六）完善教育管理制度

教育管理者利用信息技术开展教育管理工作主要表现为运用信息技术对教育教学的各种数据进行分析与整理，在利用信息技术的过程中，管理人员可能存在使用技术手段不当的问题，这甚至可能会导致教师与学生隐私的泄露。因此，必须要对管理人员进行相关技术培训，使其能更加科学、合理地在教育管理工作中使用信息技术。同时，高校还应该完善教育管理制度，统一网络使用标准，使教育管理者能充分认识到信息泄露的危害，进而在使用信息技术的过程中更加小心、谨慎[1]。

高校教育管理者在收集信息的过程中还应重视信息的共享与整合问题，毕竟不同层级的管理人员的信息查看与共享权限是不一样的，其信息共享与整合过程中发挥的作用也是不一样的。其必须要认识自身的角色与作用，使自己的能力在保护教师与学生数据信息安全的事情上得到彰显。

---

① 邹太龙. 大数据时代高校教育管理的可能走向及实现路径 [J]. 高教探索，2017（11）.

第四章

高校教育与大学生
创新教育

创新教育是高校发展演进的历史使命，是高校适应经济新常态的客观需要，是高校深化教育改革的内在要求。为了满足社会对创新型人才的需求，高校必须紧随时代潮流，结合时代特点，培育出符合当今形势的创新型人才。本章对创新教育与大学生创新实践进行了综合论述。

第一节　创新教育概述

一、创新教育的定义

从培养人才的角度说，创新教育是培养创新型、开拓型人才的教育；从开发人的能力方面说，创新教育是开发人的创新力的教育；从解决问题的领域说，创新教育是培养创新性地解决模糊领域问题的能人好手的教育；从基础特点方面说，创新教育是为教育对象实施发明打基础、做准备的教育。

所谓创新教育，就是依据创新规律来开发人的创造力、培养创新型人才的教育[①]。

---

① 金秋萍. 创新学［M］. 苏州：苏州大学出版社，2019：202.

二、创新教育的基本特征

（一）特异性

这里的特异性体现为学生的创新与人类整体上的创新具有联系，二者有共性，也有差异。共性体现在二者都是对原有事物进行的变革、创造，使原有事物获得新的发展，并不是对它的完全照搬与模仿；差异体现在二者受自身知识体系的限制，学生创新的方面有限，甚至如果从是否能促进人类进步与发展的角度来看，学生的发明与创造甚至都不能算是一种创新。学生所谓的创新其实反映的是已经超越了自己原有的水平，已经超越了同学群体的水平，也就是说，相比过去的自己与同学群体，学生已经实现了极大的提升，对待某些事物已经有了自己独到的见解与看法。学生创新旨在培养创新精神与能力，并不是为了向他人展现自己已经完成了某些发明与创造。

特异性还表现在创新要考虑不同学生的差异性。学生所处的年级不同、性格不同等都会影响其实际的创新情况。因此，不能对学生进行统一的创新要求，要允许他们进行自我革新，尊重他们的想法，进而使其创造性能被最大限度上激发出来。

（二）包容性

创新还需要有一种包容的氛围。创新并不是偶然产生的，其是学生对长期生活经验总结的产物。学生的学习与生活如果长期处于一种非常自由、愉快的氛围中，并不会为一些传统的教育框架所束缚，那么，其就能对生活与学习中存在的各种问题进行全面的思考，进而促成其创新行为的产生。倘若学生的生活中没有包容，那么，其常常会处在一种充满压力的环境中，对待所有人或事都会变得小心翼翼。在这样充满压力的环境中，学生很难静下心来对某些问题进行思考，进而其也就无法完成相关创新，甚至他们的创新积极性还会被扼杀掉。

（三）宽泛性

创新绝对不是一种自我封闭的活动，因此，它不应该被限制在传统课堂上，被框在教材的范围之内，甚至被限制在教师的指导中。如果按照传统教育理念与方法，学生是很难实现创新的。这是因为在传统课堂教学中，教师只是一味地将教材知识传递给学生，并未在课堂上主动地询问学生是否存在疑惑，也没有引导学生对教材中的内容进行延伸性思考。很明显，传统教育活动并不是一种创新型的教育活动，这是一种不为传统课堂所限制，是能与学生生活、社会生活，甚至是能与世界发展相联系的教育活动。首先，教师应该尽自己的能力去收集更多的新信息与新知识，反映学科发展的最新情况，同时还要不断创新教学手段；其次，鼓励并引导学生将自己在课堂上的所学运用在生活实际中，从而有效解决各种生活难题，而在解决难题的过程中学生也能学习更多新的知识。影响学生创新的因素有很多，学生的知识积累与学习能力是其中比较重要的因素。因此，教师应该鼓励学生不要将自己的学习思维限制在课堂与教材中，而是应该延伸自己的学习思维，能积极参与各种课外阅读活动，能在课外阅读活动中不断丰富自己的知识体系，扩大自己的学习视野，进而实现理论知识与实践活动的结合。这样，学生就能依靠更加多样的知识、丰富的实践体验并激发自己的创新能力。

（四）实践性

创新教育特别注重实践性。因此，在创新教育中，教师要注意对学生进行适当的引导，通过向学生提问题让学生在问题的思考与解决中不断了解新知识。教师还要为学生构建优良的研究环境，使学生在良好的环境中完成各种创新性的研究与探索，进而不断提升其创新意识与创新能力。更为重要的是，在这一过程中，学生能体验到创新的喜悦，进而会更加积极地参与各种创新实践活动。因此，高校应该认识到实践活动在学生创新能力激发方面的重要性，努力帮助学生建立创新性的实践平台。不过，需要指出的是，在建立创新性的实践平台时，高校必须要考虑不同的问题，不仅要对学生的特点进行充分考虑，而且还要对学生所处的不同学习阶段进行充分分析，从而使创新性的实践平台能符合学生的需求。例如，可以组织学生参与学术交流活动，使其在学术交流活动中获得新知识，同时也能获得信息的启迪，促使其能一往无前地进行创新。

（五）超越性

从本质上来看，创新教育是一种能引导学生不断向前发展的教育[①]。创新教育就是要让学生去超越原来的困难获得新的知识，去改造自己不满意的世界，去构建更加和谐的世界，去超越自我的状态，实现自身能力的提高。倘若教师一味地按照传统教育理念与模式进行教学，没有意识引导学生去积极地面对困难，实现超越，那么，这样的一种创新教育也不能称之为真正的创新教育。

三、创新教育的内容

（一）教育观念的创新

目前，传统的教育观念、人才观念在人们的思想认识中根深蒂固，面临21世纪知识经济对创新人才的教育培养目标，人们的思想观念很难迅速改变与适应。因此，要真正把创新性的人才培养纳入实质性的轨道，必须树立全新的教育观念。

1. 创新的价值观

创新的价值观指的是必须要认识并理解创新在个体发展、社会进步过程中所发挥的积极作用，使创新能为每一个人所重视。从国家层面上来看，国家应该将提升全民创新素质看作是国家繁荣发展的基础与前提，看作是提升民族竞争力、保持民族可持续发展的关键。从个体层面上来看，个体应该将创新素质看作是自己应该具备的一种最有价值的能力，应该能利用自己的创新素质实现自我的突破与超越。要清楚地了解创新能力反映的绝对不只是一个人的智力，而且还能将一个人的精神状态与综合素质反映出来。

作为学校，如果不以培养受教育者的创新素质作为教育的目标，不能为学生创设有利于创新素质发展的环境与氛围，那么，这样的学校绝不是一所成功的学校。作为学校的教师，应该树立起以培养学生的创新素质为自己神

---

① 秦从英，李玉侠. 大学生创新能力教育教程［M］. 北京：现代教育出版社，2014：152.

圣职责的坚定观念，任何一个阻碍学生创新素质发展的做法，就是教育工作的最大失败，是最大的教育失误。作为学生而言，如果他们没把自身创新素质的发展看作是努力追求的目标，那就是缺乏理智的典型表现，他们不仅是对自己缺乏责任感的人，同样也是对社会缺乏责任感的人。总而言之，必须要使所有社会成员，尤其是教师与学生对创新有清楚的认识，使其将创新看作是一件荣誉之事，进而自发地完成创新探索，甚至可使其创新成果在社会发展中发挥作用。这是一种正确的创新价值观，不仅有利于提升社会成员的创新素质，也能使社会长期处于平稳发展中。

2. 创新的教育功能观

创新的教育功能观即要求对教育的作用和本质做一个新的理解和认识。现代教育不应该为传统的"传道、授业、解惑"功能所束缚，应该了解学生创新素质培养的重要性，并将这一方面的内容纳入教育任务体系中。教育不能只是一味地将知识传授看作是重点任务，而是应该将培养学生的创新能力看作是重点任务，这才应该是教育努力的方向。不过，笔者需要指出的是，教育在培养学生创新能力方面所展现出来的影响既有积极影响也有消极影响，因此，教育者必须要使用恰当的手段开展创新教育。教师应在思想意识的深层了解到教育对培养学生创新能力的重要性，只有认识到这一点，教师才会积极地从教育中汲取创新积极要素，对消极因素进行有效消除。教育不应该仅仅是将前人总结的知识传递给学生的活动，其应该重视学生创新能力的培养，运用一切可行的手段提升学生的综合素质。

3. 创新的人才观、学生观和教师观

21 世纪，不同国家与民族之间的竞争变得更加激烈，这种激烈性可以从许多方面体现出来，最重要的一个方面就是创新实力。就是在这样的一种世界发展背景下，中国社会对人才的需求发生了明显的变化，用人单位不再简单地看学生是否掌握了扎实的专业知识，其也会看学生是否具有较强的创新能力。在用人单位看来，有着较强创新能力的学生往往能提升工作的效率，甚至会促使企业获得大发展。创新能力已经成为人才敲开优质企业的敲门砖。

对学生的评价不应该停留在学生是否听话方面，而是应该对那些喜欢思考的学生予以保护。通常来说，这些学生不会为传统知识框架所束缚，而是能从某一个方面进行新的延伸，不仅能实现其知识结构的完善，而且还能使其思考能力不断获得提高。许多事实表明，这些学生在走上社会后，其创新意识和创新能力明显高于在学校中学习保守的学生。年轻的学生最具有可塑性，整个社会必须营造出适合学生创新能力发展的一个良好环境，使每一个学生都能在新的社会要求和标准下，个性得到充分发挥，创新的激情不断得到激发，并逐步形成敢于创新的个性品质，最终成为社会所需的真正人才。

此外，教师培养创新素质的学生首先就需要其具有创新素质。有些教师比较安逸，总是习惯依赖教材，利用教材来传授知识，这使他们的教学思维一直被限制在教材中。很明显，这样的教师所开展的教学活动是无法激发学生的创新思维的。因此，教师应该摆脱传统的教学模式，应该积极地打破传统教学框架的束缚，不断探索新的教学模式，使教学活动真正成为激发学生创新思维的重要渠道。教师应该积极转变自己的角色，不再使自己的角色局限为知识传授者，而是应该使自己成为学生学习的引导者与组织者，应该将培养学生的创新能力看作是其教学的主要任务之一，同时使其在教学中能完成对自身角色的重新塑造。而作为学生学习的场所——学校，也不应仅仅是传播知识的机构，更应该成为培养学生创新意识、创新思维、创新技能及创新个性的乐园。

（二）课程内容的创新

1. 课程内容应该体现时代性

创新的特点主要表现为超前性与新颖性。基于此，教师要在开展创新教育活动的过程中，及时地将本专业的新知识传递给学生，使学生在课堂学习中就完成自身知识结构的创新，同时使其创新能力获得显著提高。教科书上的知识如果没有进行教科书的修订就意味着其非常老旧，但在这个知识时代，知识始终是处于不断更新状态中的，可见，教科书的知识对于学生的创新来说只能发挥打基础的作用，不能进一步刺激学生的创新[①]。学生即便全部掌握这些知识也只是建立了一座陈旧的知识仓库，教育内容的陈旧和高校教育管理与教学研究滞后严重阻碍了学生接受新的信息，严重阻碍了学生在新领域的开拓意识和能力。因此，在进行教材编制时，第一，编制者应该将最新的

---

① 吕村. 高校教育管理与教学研究 [M]. 长春：吉林文史出版社，2021：193.

科研成果融入教材中，使学生在学习教材基础知识的同时也能开阔自己的知识视野，不断探索新的世界，进而在探索过程中完成创新能力的培养。第二，应该在教材中多增加一些智能型结构与思维训练内容。对现阶段的教材进行分析，可以发现教材内容都是一些知识型的内容，教师可以将这些知识系统地传递给学生，学生也能在教师的指导中完成对知识的理解。不过，需要指出的是，不少教材编制者并未认识到智力、能力与价值等因素对教学的影响，因而在教材内容的编制上没有编制一些能开发学生智力、激发学生思维能力的内容。基于此，教材编写者应该把新阶段比较新的可靠研究成果置入教材中，同时还要结合理论研究成果添加一些训练性的内容。此外，教材不能仅仅是知识的载体，通过教材知识的学习，学生也能系统训练自己的思维，从而使不同阶段的学生都能从教材中获益。

2. 课程结构应注意广博性

培养创新能力需要学生具有扎实的理论知识做支持。一般来说，知识主要由一般知识与专业知识两部分组成，不管是一般知识还是专业知识，创新教育都对其提出了比较高的要求。中国高等教育的结构与体系在过去受到了苏联文理分科的影响，这导致学生的学习变得越来越细、越来越窄，因而使其知识结构的全面性受到了影响[①]。基于此，在教育内容方面，笔者认为必须要在教材中呈现更丰富的内容，使学生对知识视野不被局限在课堂中，而是可以通过教材实现知识空间的延伸，实现知识结构的完善，这样，其才能厚积薄发，触类旁通，不断出现创新智慧的闪光点。

第二节　创新意识培养

一、创新意识的内涵

创新意识是人们根据社会和个体的需要，引起创造新的事物或提出新的

---

① 吕村. 高校教育管理与教学研究 [M]. 长春：吉林文史出版社，2021：194.

观念的动机。创新意识并不等同于创造性思维，两者既有差别又有关联。创新意识是引导创造性思维的前提和条件，创造性思维是创新意识的必然结果。创新意识是创新人才所必须具备的思想，它是培养和开发创新人才的起点，大学生应注重培养创新意识，为成为创新人才打下良好的基础。

二、创新意识的表现形式

（一）创新需要

创新需要是指主体内部只有用创新才能满足的一种不平衡状态[①]。创新需要是创新的最初动因和原动力，也是形成创新动机的基础。

每个人都有着多样的需要，如果从马斯洛的需要层次理论来看，创新需要是人的一种比较高层次的需要，是属于人自我实现的需要层次。这里要强调的一点是，创新需要可能随时都会发生，它们可能在人们的日常生活中体现，在生活中，人们可能会出现一种别扭的感觉，当这种感觉出现之后，人们就会想尽一切办法去消除它。但是，人们惊奇地发现，现有的方法已经无法消除这种感觉，为了使自己的心理达到一种平衡的状态，人们就会探索新的方法。而他们产生的寻求新的解决问题的方法的这种意识就是创新意识，当人们的创新意识形成之后，其就会产生创新的动机，不断地实施创新行为。对创新需要进行分析就会发现，其特点表现为时间不长，很快就会消失。在所有的创新意识要素中，创新需要是处于第一层次中的。

（二）创新动机

所谓创新动机，是指引起和维持主体进行创新活动的心理过程，它是形成和推动创新行为的内驱力，是产生创新行为的前提和基础。当人们产生创新需要后就会激发其进行创新活动的动机。需要明确的一点是，人们有了创新动机并不意味着一定会有创新成果。创新成果的取得受到多种因素的影响，创新动机只是其取得的基础与前提。可以说，创新动机在创新意识系统中居

---

① 杨曼英. 创新教育导论［M］. 长沙：湖南师范大学出版社，2009：140.

于重要地位。

创新动机按其产生的根源可分为内部动机和外部动机。所谓内部动机是指根据问题意识而产生的创新动机，外部动机是指为追求金钱、荣誉或缓解压力等而产生的创新动机。大学生创新的外部动机主要表现为获奖、评优、完成学业以及获得老师、同学的称赞等。只有内部动机才有利于主体进行创新，强烈的外部动机反倒会抑制人的创造力[①]。因此，在培养学生的创新动机时，要注意加强其内部动机的培养，并逐步将创新动机发展为创新兴趣。

（三）创新兴趣

人们在参与创新活动中所表现出来的积极情绪与态度就是创新兴趣。不管是创新兴趣还是创新动机，其都是来自创新需要的，是反映创新需要的重要形式。不过，创新兴趣与创新动机之间又有着一定的联系，前者是后者的延伸与发展。人们有了创新动机并不意味着会激发自己的创新兴趣，但是人们有了创新兴趣则一般会有创新动机的产生。

兴趣与大脑皮层中最大的兴奋中心的产生紧密相连。人处在有兴趣的反应活动时，对现实环境的感受就会既迅速又牢固。兴趣控制下的大脑活动有较强的兴奋力，这种兴奋力会迫使主体主动地认识某些事物，主动地寻求认识事物的方法和手段。人们从事的所有创新实践活动都与创新兴趣有着极大的关联性，甚至可以说，后者是前者的动力。一般来说，那些有着创新兴趣的人总是在参与创新实践活动中表现出极大的专注度，能充分调动自己的热情。也应该清楚的是，如果仅仅一味地利用自己的兴趣来进行创新显然是不够的。当然，我们也承认，与动机、需要等要素相比，兴趣的确能在引导学生创新实践活动方面发挥重要作用，但它极不稳定，最为重要的是，它没有理性的支持，自然也就无法强有力地促进人们创新意识的形成。倘若人们只是依靠自己的兴趣去从事创新活动，那么，他们的创新目标就会变得相对比较单一，其创新价值也会变得狭隘。正是因为如此，人们应自觉地将自己的创新兴趣转变为创新追求，甚至使其可以把创新看作是一种理想。

---

① 杨曼英. 创新教育导论［M］. 长沙：湖南师范大学出版社，2009：142.

（四）创新理想

所谓创新理想，指的是主体对创新实践活动未来奋斗目标的持久向往和追求。其目标指向已经超过了主体直接感知的范围。在创新意识系统中，创新理想属于理性层次，因此，其可以将主体全部的情感、意志力量与理性智慧充分地调动起来，最为重要的是，创新理想可以为主体开展创新实践活动提供十分持久的动力支持。从这里其实可以看出，在创新意识系统中，创新理想属于高级层次，当主体具有了创新理想之后，其就能具有创新需要、动机与兴趣。

一般来说，学生的创新理想是非常复杂的，包括短期创新理想与长期创新理想。其中，前者是后者实现的基础与前提。需要指出的是，主体在实现自身创新理想的同时，应该将自己的理想融入社会的创新理想中，在两者的交融中促使个体自身理想的实现。创新理想的实现不是一蹴而就的，需要个体经过长期的努力，同时，在创新理想实现的过程中，个体会面临许多困难，甚至会不断地失败。正是因为如此，个体在实现创新理想的过程中必须要坚定创新信念，相信自己一定能成功地完成创新。

（五）创新信念

所谓创新信念，指的是主体对与创新实践活动有关的意见、见解、知识和看法，形成了较为稳固的思想和观念，并坚信其真实性和有效性的心理倾向。创新信念是以创新实践的认识为基础，以较为深刻的理解、体验和感受为心理形式，以力求践行和实现为外部行为表现，是主体从事创新实践活动的精神支柱。这个层次的创新意识是知、情、意高度统一的意识，它是创新理想得以实现的支撑力量。

（六）创新世界观

创新世界观是一系列创新信念所组成的逻辑系统[①]。在主体的创新意识中，创新世界观是在创新需要、动机、兴趣、理想、信念的基础上，通过长

---

① 杨曼英. 创新教育导论［M］. 长沙：湖南师范大学出版社，2009：143.

期的创新实践活动形成的。而创新世界观一旦形成，又反过来作用和影响创新需要、动机、兴趣、理想和信念。因此，创新世界观是创新意识的最高层次，同时，也是主体创新实践活动的最高调节器。只有具备创新世界观的人，才能在风险丛生、困难重重的创新道路上立于不败之地。

三、创新意识的价值功能

（一）创新意识能促成人才素质结构的变化

从本质上来看，创新其实就是对人才进行了新的界定，制定了新的人才标准，甚至能反映出人才素质的变化走向。创新向人类社会输出了这样一种信息：现代社会需要有创新能力的人，他们才能为社会注入新的活力，促进社会的进步与发展。而且，在促进社会进步与发展的过程中，人们的综合素质得以提高。创新能使人的主动性与积极性获得激发，同时极大程度上扩展了人自身的内涵。

（二）创新意识能够推动创新活动的开展

人类在历史发展中淘汰旧事物与旧思想，产生新事物、新思想的过程就是创新。创新意识是人们对待创新的态度，它相对来说比较稳定。创新意识能将社会主体奋斗的目标与价值揭示出来，正是这一目标与价值使主体一直能坚定地开展创新实践活动。

（三）创新意识能够推动国家和民族的创新发展

创新意识对于国家、民族的重要意义主要表现在它对提高民族创新能力的巨大作用上。在今天，创新能力实际上就是国家、民族发展能力的代名词，是一个国家综合国力的同义语。虽然不能说创新意识就是创新能力本身，但却能肯定地说，创新意识薄弱的民族绝不会有很强的创新能力。如果一个民族认识不到创新在社会发展中的重要性、意识不到树立创新性合法地位的必要性，就会在世界范围的竞争中错失良机。发达国家的发展经验已经证明：一个国家的经济繁荣和社会发展必须创新，要创新就必须有自觉的创新意识作引导。作为新时代的大学生，理应胸怀祖国、心系民族，因为只有民族和国家强大了，才能更好地实现自己的全面发展。

四、创新意识的培养方法

（一）保护学生的好奇心

人们在缩小自己已有的知识与新知识之间的差距过程中产生的一种心理就是好奇心，展现的是人们对于不了解的事物产生的一种新奇感。通常情况下，人们的好奇心与求知欲有着紧密的联系，两者呈现正比例关系，当前者的程度越激烈，后者的程度也会变得越激烈，人们对新知识就会变得更加渴望。纵观人类的历史发展过程，可以看出，好奇心往往能发挥重要作用，当人们产生了对某一事物的好奇心之后，其就会十分频繁地接触事物，试图揭示事物与其他事物之间的联系。

好奇心引导人们对事物的认识不断加深，使人们可以更加轻松地对事物的本质予以认识与掌握。好奇心与人们的年龄也有关系，通常情况下，人们处于儿童时期时往往有着强烈的好奇心，但是当年龄越来越大时，其好奇心会变得越来越弱，甚至会消失。因此，对于大学生来说，如果想要提升自己的创新能力，就必须注意在日常生活中不断培养自己的好奇心，利用自己的好奇心开展创新实践活动。大学生要勇于接触各种新事物、新现象，甚至能勇敢地对新事物、新现象提出自己的疑惑，不用在意别人的想法。教师要爱护学生的好奇心，那种把学生的好奇心与"无知""想入非非"混为一谈、甚至认为那些好奇心强的学生"生性怪癖"，或因自己的无知而要求提问者"噤声"的做法，是对学生好奇心的压抑，也是对学生创新力的抑制。

（二）激发和培养学生的想象力

创新离不开想象。教师应对学生进行敢于想象、敢于创新、敢于打破陈规的训练。教师要有意识地训练学生的想象力，鼓励学生多看课外书籍。学生只有在实践活动中才能培养自己的创新能力，因为在实践活动中学生能全面地审视问题，能不断激发自己发现与解决问题的热情，并在这股热情的推动下，学生可以更好地进行知识的丰富与创新。

让他们在实践中摸一摸、看一看、听一听、闻一闻，促使他们的脑子想一想，从中发现问题，提出疑点，探求新知。要让学生想创新，能创新，敢创新，会创新。教师对创新的标准要有恰当的把握，并不是说人们一定要发现那些过去的人从未发现的事物与问题才能叫创新。对于学生来说，只要其通过自己的思考去发现并解决问题，实现自我的提升，这就是其创新思维激发并应用的表现。因此，教师应该对学生的这一创新行为给予肯定。教师要有意识地在课堂上提出新问题，并让学生对于问题进行独立的思考，使其能在旧问题中发现新的解决思路。

（三）鼓励学生大胆求异质疑

学生有疑问，才会进一步思考探索，才能有所发现，有所创新。疑源于思，思解于问，问是学问的重要内容。提出一个疑问，就是创造的开始，提倡学生质疑、驳问，能培养学生善于思考的习惯。因此，在实际的教学中，教师应该努力做到三点：第一，应该积极鼓励学生进行创新；第二，鼓励学生运用自己的求异思维思考问题；第三，鼓励学生不应为传统知识框架所束缚，而是敢于打破既有框架，实现创新。解决问题首先需要提出问题，只有提出了相关问题，才能在对其不断的认识中促进问题的解决。学生应该围绕提出的问题去思考解决的路径，也就是要始终保持对问题的疑虑，以一种十分敏锐的观察力去了解事物发展的趋势。

质疑应该在学生创新过程中发挥重要作用，教师不仅要有意识地引导学生去质疑，而且还要积极鼓励学生去质疑。当然，这里的质疑不是毫无根据的质疑，而是应该理智地去质疑，要在对某一问题进行详细的思考之后提出质疑。此外，学生要敢于质疑，不能将教材知识或者一些原理、理论看作是权威。权威说的也不都是真理，其也会出错。如果学生盲目地去推崇权威的观点，那么，其永远不可能对知识形成新的理解，甚至其学习水平会因为旧有知识框架而下降。大学生不应该过于看低自己，而是应该在尊重权威的基础上不断充实自己的知识体系，敢于超越他们，对他们的理论进行新的创造。

（四）帮助学生树立自信心，塑造个性

自信是一种正确积极的自我观念和自我评价，是一种对自己的认可或肯定态度。它对一个人性格的形成、成绩的优劣、事业的成败，具有十分重要的影响和决定作用。个性的解放是创造才能获得发挥的基础与前提条件。有创新能力的学生具有勤奋、热情、富于想象的特征且依赖性小、求知欲强、兴趣广泛。教师应当注意发现和培养学生的特长，使其有"用武之地"，使他们的才华得以充分地展现，帮助学生树立起自信心，同时注重鼓励和指导他们不因成功而洋洋自得，不因受挫而灰心丧气，始终对自己充满自信。

高等教育的重要任务当然是向学生传递专业理论知识，但这并不是其唯一的任务，培养学生的个性，促使学生综合素质的提升，也应该是高等教育的重要任务之一。也就是说，绝对不能让学生被困在呆板的传统知识框架中。教师培养学生的个性首先就要发现不同学生的兴趣，根据学生的兴趣开展个性教育。个性教育就是要尊重学生的个体差异，使其能将自身的个性优势发挥出来，并促使其独立个性的形成，使自身的潜在能力获得充分发展，并最终使其创造性被很好地激发出来。其实，不难看出，个性教育其实就是一种要求教师在教学中遵循因材施教原则的教育。教师要引导学生将自己的优势与能力显现出来，进而在分析其优势与能力的基础上培养其创新意识与精神。教师不能采取统一的教学方法，而是应该根据不同学生的特点采取不同的教学方法，从而最大限度激发学生的内在潜能，使其能始终对知识的学习保持较强的欲望，甚至可以使其对知识的兴趣提升到理性的层次上。

第三节　创新能力培养

一、创新能力的概念

创新能力是运用知识和理论，在科学、艺术、技术和各种实践活动领域中不断提供具有经济价值、社会价值、生态价值的新思想、新理论、新方法

和新发明的能力。

二、创新能力的构成

（一）创新基本能力

创新基本能力是指人们进行创新的基础能力，包括观察能力、注意能力、记忆能力、想象能力等[①]。它们是主体进行创新创造实践活动必备的能力，又是培养其他创新创造能力的基础。

1. 观察能力

观察能力指的是主体在有目的、有计划以及有思维积极参加的感知过程中，逐步形成的一种比较稳固的能力。观察不仅是一种反映主体内在的活动，而且还是一种反映主体外在行为的活动。个体需要依据各种能力开展创新活动，而对其创新活动有着重要影响的一种能力就是观察能力。因此，个体必须要能具有敏锐的观察力，能第一时间发现问题的根源所在，并在问题产生根源的基础上抓住事物的本质，了解问题解决的思路与方法，从而实现新的创造。可以说，个体要开展创新活动必须要使自己具有敏锐的观察力。

2. 注意能力

注意能力指的是主体保持注意的力量、效力的能力。注意能力在创新创造活动中起着重要作用。注意能力是创新创造活动的"警卫"，各种信息是通过感知的大门而输入的，感知是心灵的唯一门户。注意能力是创新活动的组织者和维持者，注意能力不仅是创新活动的警卫，而且也是创新活动的组织者和维持者。人们的创新活动甚至一切心理活动都必须有注意力的参与。如果没有注意力的参与，人们就不仅无创新活动可言，甚至连情感、意志都不能产生和维持。因此，注意能力是创新能力结构中不可缺少的因素之一。

3. 记忆能力

记忆能力指的是对事物识记和保持的能力。识记是关于事物的知识经验铭刻在头脑中；保持则是将识记的知识经验短期或长期地保留在头脑中，以

---

① 杨曼英. 创新教育导论［M］. 长沙：湖南师范大学出版社，2009：185.

至于暂不遗忘或长期不忘或终生不忘。创新需要记忆，记忆需要创新。如果一个人丧失了记忆能力或者记忆能力不强，就会影响他的创新活动。反之，如果一个人创新能力强，那么，相应地他也有较强的记忆能力。人的记忆能帮助人们认识新知识，能连接新、旧知识，使人们对客观世界产生新的认识与完成新的体验，从而不断丰富自己的知识体系。

4. 想象能力

想象能力指的是赋予智力或其他因素活力，增进智力或其他因素效益的能力。在创新活动中，观察能力、记忆能力、注意能力等使人们有效地获得信息，而想象能力则具有更大的能动性和积极性，因此，想象能力在创新活动中起到极为重要的作用。想象力在创新活动中的作用主要表现在：想象能力是引发创新的先导。创新创造发明是一种充满艰辛的思考过程，在这一过程中，人们常会遇到各种困难，只有克服这些困难后，才有可能获得成功。而激励人们克服困难的一个重要因素就是想象力。

（二）创新思维能力

创新思维是指能够产生新颖性结果的思维。创新思维是人类普遍感知到的，但对其发生机制又觉得是迷惑不解的。由于目前脑科学还未曾发展到一定的阶段，人们难以对思维在头脑内部的全过程准确地把握。因此，暂且只能从创新思维的外部即仅用思维结果的新颖性作为确定某思维活动是否为创新思维的标准，而不是从思维过程去把握。

创新思维是一种有意识的创造活动，是思维元素（词语、意象、图形、模式）的重新组合，是综合运用各种知识和方法去创造性地解决问题。创新思维包括发散思维、收敛思维、联想思维、横向思维、直觉、潜意识、灵感、逻辑思维、辩证思维等多个方面。

（三）创新综合能力

创新综合能力主要指与创新有关的合作组织能力、沟通公关能力、实践操作能力、管理时间能力等。

1. 合作组织能力

合作组织能力指的是创新者组织管理、配合的能力。创新项目涉及多学科、多专业，这就要求创新项目的组织者有较强的组织管理能力，创新者要有较强的协调配合能力。

2. 沟通公关能力

沟通是指人与人互相了解的过程。一个人的成长从沟通开始，创新人才的发展从沟通开始。公关是指个体与他人交换信息的过程，其本质含义也是沟通。因此，学会沟通才能更好地成长成才，更好地开展创新活动。

3. 实践操作能力

实践操作能力指的是人们运用工具、技术和技巧，去实现自己所要解决问题的目标的能力，即解决问题的动手能力。实践操作能力对创新能力的发展起着推动作用，是进行创新活动重要的基本功。

4. 管理时间的能力

管理时间的能力指的是有效地管理时间，有能力挖掘最大的时间潜能，在尽量短的时间内获得最大的效益。一切节约，归根结底是时间的节约，一切管理关键在于时间的管理。创新者应当惜时如金，充分挖掘时间的潜能。

三、创新能力的培养方法

（一）激发学习兴趣，培养创新意识

创新活动的开展离不开创新意识，可以说，只有创新意识才能使人不断激发自己的想象力，而创新意识与兴趣有着紧密的关联性。从这个方面上来说，要培养学生的创新能力就需要激发学生的兴趣。兴趣对于学生的学习来说至关重要，在兴趣的激发下，学生能获得学习的内在动力，并能在兴趣的指导下勤奋地学习，甚至能使其始终处于一种活跃的学习状态中。这样，其创新意识就能得到很好的激发，同时，其创造性行为也能继续实施起来。兴趣能让学生始终对某一事物保持极大的关注度，进而使其能结合自己的大脑记忆完成天才创意的激发。因此，在教学中，教师一定要重视学生兴趣的激发，要运用多样的教学方法激发学生的兴趣，要使其能在自我兴趣的培养中实现新的创造。

（二）保证知识结构的合理性

创新并不是一种空洞的产物，它是建立在人们的认识成果基础上的产物。一般来说，所有的创新活动都不可能离开知识，只有打好坚实的知识基础，人们才能高效地开展创新实践活动。知识与创新的联系极为密切，前者能为后者提供原料，后者则可以实现前者新的转化与整合。从知识形态层面上分析，可以发现，所有的创新活动都需要人们对原有的知识进行解构，并在此基础上对解构的知识进行新的组合，形成新的知识结构[①]。可见，知识对于创新来说十分重要，如果没有了知识，那么，所谓的创新也就不复存在了。人们只有具有了丰富的知识，其才能掌握更多的技能，才能在综合多种知识的基础上完成新事物的创造。纵观历史上那些有着诸多成就的科学家、思想家，其所有的创造活动都是以大量的知识为基础与前提的。需要强调的一点是，并不是所有的知识都能促进创新活动的开展，都能成为创新的动力。

首先，为了解决某一个问题，人们必须要具有与这问题相关的知识，了解的知识越多，其成功解决问题的概率就越大。其次，知识也是存在明显的局限性特征的，倘若一个问题长久以来被固定了，那么，当一个人要去解决这一问题时就存在极大的困难，不利于困难的解决，也不利于其创新能力的发挥。从这个方面上来说，人们应该获取多样的知识，尽量保持知识结构的完整性。

（三）培养学生的直觉和洞察力

人的直觉和洞察力是指当一个人面对复杂的情况时，迅速抓住问题的核心本质并找到出路的能力。发现规律、把握本质的能力决定个人创新水平的高低，所以必须培养学生的直觉和洞察力。培养学生良好的直觉和洞察力方法如下。一是广泛观摩学习，拓宽知识面。二是在实践中增强洞察力。因为洞察力在观察、实践、研究、创新经历中"生长"。实力源于经验，经验越丰富，直觉越准确，洞察力越强。三是与专家高手勤于交流，在交流中形成头脑风暴，产生思想火花，迅速提升直觉和洞察力。

---

① 何勇向. 论创新能力的培养 [J]. 求实，2005（12）.

第四节　大学生创新实践

一、课堂教学创新

（一）创新与课堂教学

创新教育是为了适应知识经济时代的到来和未来世界竞争的需要，充分发挥教育在培养创新人才过程中的摇篮的作用，配合国家创新体系建设，全面推进素质教育的实施而提出的，是以培养人的创新精神和创新能力为基本价值取向的教育。它着重要解决的是在全面实施素质教育的进程中，如何培养学生的创新意识、创新精神和创新能力的问题。

创新教育涉及教育思想、体制、内容、教学组织形式、教学方法等多方面的内容，但究其根本，还在于课堂教学。然而从目前的创新的课堂教学情况来看，仍存在着不少问题和缺陷。因此，如何转变传统教学、教育观念和方法，为学生创新能力的培养创设一个更好的课堂教育平台，如何在现代教育的理念下，构建新教学文化就成为实施创新教育的关键和灵魂[①]。

（二）创新课堂教学的方法

1.重新定位师生角色

一直以来，中国高校实施的是应试教育，这种教育体现在教学模式上就是"满堂灌"和"一言堂"的模式。这样的教学模式使学生只能被动地接受教师传授的知识，教师也没有意识到学生创新意识与创新能力培养的重要性。对这一教学过程进行分析，可以发现，教师很明显已经把学生看作是盛知识的器具，只是一味地将知识灌输给学生。可见，这样的一种教学模式已经与教育发展的规律背道而驰，更是使学生的地位被削弱了，更不要说学生的创

---

① 蒋德勤. 大学生创新教育［M］. 北京：现代教育出版社，2012：172.

新能力培养了。正是因为如此，学生的个性被扼杀了，他们自由想象的翅膀也被折断了。

教师不应该一直将自己看作是课堂的主人，应该意识到学生在课堂教学中的重要性，积极地凸显学生的地位。教师应该明白学生的知识获得过程并不是其对学生进行知识灌输的过程，应该是学生依靠学习资料、接受教师适当指导进行自我知识建构的过程。从这里其实可以看出，学生应该在其学习活动中扮演更加重要的角色。

课堂模式应从传统走向创新，教师应该保持课堂的开放性，同时，在教学中应该始终秉持科学与人文交互的理念，从而使学生在自主探究中完成对不同知识的理解与掌握。因为教师在教学中秉持了人文理念，所以，课堂呈现出一种浓浓的人文氛围，这使学生能始终快乐、轻松地学习。更为重要的是，这种氛围能使学生静下心来思考问题。学生要进行独立的思考，不能盲目信任教师与教材，在遇到问题时要先进行思考，通过多样的思考保证知识探究的结果。这样，教师就能将学生的创造性与积极性激发出来，使其更加自觉地开展创新实践活动。

2. 建立民主和谐的课堂教学环境

教师应为学生创设一个民主和谐的教学环境，在这样的环境中学习，学生的学习质量与效率将会有明显的提升。同时，教师也能加强与学生的互动，能对学生有更加全面的了解，进而更好地激发学生的学习兴趣，培养学生的创新能力。

教师要主动地拉近与学生的距离，不仅拉近与学生的物理距离，而且还要拉近与学生的情感距离。在实际的课堂教学中，教师应该始终带着微笑去上课，并在课堂上积极回答学生的提问，教师还要向学生提问，并鼓励他们勇于回答问题。要给予学生足够的尊重，在生活中主动关心学生，使其能更安心地与教师交往，能更高效地开展学习活动。

3. 运用创新教学法指导学生的学习

"授人以鱼，不如授人以渔"，培养学生的创新意识，更为重要的是让学生学会学习，强调对学习方法上的指导。为此，教师需要放弃"手把手教学"的教育方式，让学生积极行动起来，学会寻找工具以及用合适工具去获取自己所需的知识，这样才能紧紧跟上时代前进的步伐。教师不能片面地认为自己的教学任务就是向学生传递学习知识，其应该培养学生发现、解决问题的能力，引导学生对各种问题予以思考，甚至能使学生养成良好的学习习惯，树立终身学习理念。

二、课外科技活动创新

（一）大学生课外科技活动的功能

1. 课外科技活动是激发求知欲和探索欲的有效途径

作为一种探索的实践过程，课外科技活动除了具有科技性之外，还具有实践性、探索性等特点。参加课外科技活动对学生而言是一个自主探索学习的过程。为了更好地完成任务，在这个过程中，他们往往比在平时上课时能够更加主动地去查阅相关资料解决问题。从某种程度上来讲，这正是一个不断发现问题、提出问题、解决问题的过程。能够促使大学生变被动学习为主动学习，培养发现问题和解决问题的能力，是培养大学生创新能力的最佳切入点和有效途径之一。

2. 有助于将所学知识运用到具体的项目

大学生课外科技活动能够为大学生提供一个良好的实践平台，让他们能够将所学知识运用到具体的项目中，是培养大学生创新能力的重要途径和不可或缺的载体。例如通过"年度科技实践项目""某某银行杯大学生金融衍生产品设计大赛"等活动，可以让学生在活动中能最大限度地展示自己的想法和特长，并通过比赛进一步走出校园了解社会、了解公司的运作模式。

3. 有利于大学生将科学知识转化为实用技能

通过科技实践活动让本来单纯受教育和以知识传承者为身份认同的学生，逐渐树立起成长为社会财富的创造者的意识。这能很好地培养学生的创业能力和适应社会的能力。这些年来，通过"挑战杯"系列赛事，近百万大学生直接或间接参与到创新科技实践中来，正是从这些人中产生了一大批青年学术科技带头人和青年创业者。

4. 能够促进师生的交流与互动，共同提高创新能力

由于大学生大多存在着经验不足、知识储备不够丰富的缺陷，因此在开展课外科技活动时，往往离不开老师的精心指导。如在"挑战杯"等一系列的科技实践活动中，都需要师生的共同参与。在这个过程中，学生的科研意识能获得不错的培养，同时，对于教师来说，也有助于其开展自己的科研活动。科研工作的顺利开展需要许多人的支持与努力，在这一过程中，学生彼此之间需要加强合作，能充分理解别人的付出与能力。显然，完成科研活动的过程其实也是培养学生协作能力的过程，而这一过程同样也是学生共同创新能力提高的过程。

（二）大学生课外科技活动的创新方法

1. 加强领导，健全大学生课外科技活动组织体系

学校要认识到课外科技创新活动的重要性，这一活动不仅能促进创新人才的培养，而且还能促进产学研的有效结合。高校应该结合当前高等教育改革的实际需要，不断推进素质教育，同时还应该鼓励教师进行创新，使其改变传统教育观念，实现科学与人文的结合。大学生课外科技活动的开展涉及许多主体，高校领导、高校教师、创新育人基地、科技社团等都是重要的参与主体，其应该共同作用，共同促成大学生课外科技活动组织体系的建设。

2. 各部门通力协作

大学生课外科技创新体系是一个复杂的系统，在建设和实施过程中必然会涉及学校教学、科研、管理以及思想政治工作等一系列部门。这就需要有关部门认真协调，明确各自在学生科技创新活动中的职责，充分利用全校的力量促进学生科技创新活动的顺利开展。

3. 建立健全评价机制

大学生科技创新活动的开展离不开制度的保障，尤其是评价机制。通过一整套科学合理的大学生科技创新活动评价体系，建立了相应的学生奖励、指导教师奖励、院系奖励等有效激励机制，能够有效激发大学生、教师创新的积极性与主动性。

4. 加大资金、设备和技术支持

学校及下属各二级学院应该加大对学生课外科技创新活动的经费支持，加快相关实验硬件设施和实践基地的建设，鼓励教师积极参与、带领学生开展科技创新活动，并对他们进行相关的技术指导和培训，保证学生科技创新

活动有技术和专业知识的支持。

5. 吸引社会力量的加入

除了研究经费的投入和支持，大学生科技创新面临的一个重要难题是怎样将创新成果转化到生产应用中去。面对这一问题，高校应该努力建构完善的机制，吸引社会力量参与创新成果的转化活动中。社会力量可以向高校投入科研资金，同时，社会科研机构也可以与高校加强合作，进行相关课题的研究。当研究成果出来之后，高校可以与社会企业加强合作，实现科研成果的广泛应用。

6. 组织创新创业大赛

通过比赛的形式，能够更好地在学生中普及创新知识，展示创新创业成果，评价创新创业能力，倡导创新创业文化，发现和培养创新创业人才。因此，高校可适当地组织和举办大学生创新创业大赛，并推荐优秀队伍参加更高级别的创新创业比赛，对表现优异的团队和个人给予支持和奖励。积极帮助学生吸引风险投资，将比较成熟的创新创业团队推向市场，完成学生创新创业从学校到社会的顺利转化。

三、社会实践创新

（一）大学生社会实践的作用

1. 能使大学生了解国家发展现状，掌握更多的知识

大学生学习的知识大多为理论知识，最终这些知识都是要被运用在实践中的。因此，高校应该多为学生组织社会实践活动，使其能在丰富的实践活动中完成对理论知识的检验与应用。即使是在课堂教学中，教师也应该有意识地引导学生关心国家大事，了解中国当前的发展情况，使其能在感受中国四十多年改革开放成就的基础上坚定社会主义道路信念。

需要承认的一点是，现阶段大学生的实践能力的确不强，正是因为如此，即使其掌握了扎实的理论知识，其也无法实现理论知识在实践活动中的高效转化。因此，开展社会实践活动看来是十分有必要的。高校应该了解学生的社会实践诉求，并在此基础上制定社会实践活动计划，进而使社会实践活动

能符合学生的学习需求，使其能在积极参与实践活动的过程中学习更多的知识。

2. 能提高学生的实践能力

大学生实践活动是学生检验自己课堂所学理论知识的重要渠道，同时，在多样的实践活动中，学生的实践能力也能得到提高。在实践活动中，学生学习的理论知识与实践知识能实现紧密的结合，同时，理论能促进学生实践能力的提高。

3. 有利于帮助大学生完成理论知识的转化和拓展

到了大学阶段，大学生已经接受了多年的理论知识教育，其理论知识结构相对来说已经比较完善。但笔者必须要说明的一点是，他们接受课堂教育获得的知识往往是一些间接性的、系统性的知识。这些知识有着极强的理论性，无法直接被应用在实际的生活中。更为重要的是，存在于现实生活中的问题是极为复杂的，单单只是依靠理论知识是很难解决实际问题的。要解决这些现实生活中的问题，必须要将理论知识与技能知识结合起来。课堂教学给学生带来的是理论知识，社会实践活动给学生带来的是实践技能知识。因此，为了能使学生提升自己解决现实问题的能力，高校应该积极为学生组织多样的社会实践活动。在参与实践活动的过程中，学生能近距离地接触各种社会问题，并能对这些社会问题进行独立的思考与分析，而他们主要是借助自己所学的理论知识进行思考与分析。这样，学生不仅能在实践活动中提高自己分析与解决问题的能力，而且还能使其在课堂上学习的理论知识获得进一步的深化，能促使其获得新的知识。

4. 大学生社会实践是一种教育活动

大学生实践活动是一种不折不扣的教育活动，在这个活动中，学生的知识与技能能实现结合，这十分有利于学生开展实践活动。更为重要的是，学生在解决问题的过程中也能使自己形成正确的世界观、人生观与价值观，提升自己的综合素质。大学生接受高等教育的目的不仅是获取专业知识，而且是通过自己的专业知识去服务社会，为社会主义现代化建设做出自己的贡献[①]。而要实现这一目的，大学生必须要对社会、对生活有清楚的了解。基于

---

① 王柏杨. 大学生社会实践创新分析 [J]. 山西青年，2016（5）.

此，高校应该主动为学生组织社会实践活动，使其能在毕业之前就能对社会有一定的了解，进而帮助其毕业以后更好地服务社会。存在于社会实践活动中的知识更具有实用性，学生理解起来也比较容易，同时，社会实践活动也能帮助其完成对课堂理论知识的新的理解。因此，可以说社会实践活动就是一种教育活动。

（二）创新大学生社会实践的方法

1. 提高大学生对社会实践的正确认识

善于提高宣传工作的艺术，如把社会实践的总结汇报作为社会实践的宣传主要途径，在每年的 10 月，开展大学生暑期"三下乡"社会实践汇报会，让一年级学生进行观摩。一年级学生参加大学生暑期"三下乡"社会实践汇报会印象是深刻的。一方面他们感受到师兄师姐确实是能干的，从制作 PPT、演讲，甚至加上表演，都充分体现了他们的综合素质。另一方面，他们认识到参加社会实践是有益的，因为在社会实践的汇报过程中，参与社会实践的学生会展露社会实践的收获。所以，就在观摩社会实践汇报会过程中，一年级的学生自然认识到社会实践的作用，因而争取参加社会实践活动。

2. 利用新媒体发布社会实践信息

学校应该认识到新媒体平台在实践活动中的重要性，充分利用大学生比较喜欢的微博、抖音等社交平台发布社会实践内容；还应该构建社会实践信息宣传库，并将其对外开放，从而使社会大众也能对高校组织的社会实践活动有所了解，使其能对高校社会实践活动予以监督。高校还应该制定详细的规章制度，以制度的形式确保发布信息的真实性与全面性。同时，应该让学生了解参与社会实践活动并非儿戏，其存在着许多的困难。

3. 在创新过程中要立足于现实

大学生实践创新目标的实现应该建立在可操作的实践内容上，这里的可操作性指的就是要从人们的现实生活出发，要基于现实，不能盲目地好高骛远。当然，在创新的过程中，大学生会遇到一些困难，可能也会存在一些冒进的行为，这是不可避免的。但是只要他们始终能立足现实，脚踏实地地进行创新，那么，其创新活动就能高效开展，甚至其可能还会成功地开展创新活动。

第五章

高校教育与教学创新技术支持

　　高校为了提升自身的教育水平，增强教育教学效果，就应该不断创新教育教学技术，与时俱进，符合时代背景。高校应该进一步加强教育技术与教学变革，找出并落实高校教育技术与教育变革工作中所存在的问题与障碍，积极地解决问题并扫清障碍，进而推动高校教育发展。

第一节　物联网技术

一、物联网的概念与特点

（一）物联网的概念

　　国际电信联盟发布的互联网报告中，对物联网做了如下定义：通过二维码识读设备、射频识别（RFID）装置、红外感应器、全球定位系统和激光扫描器等信息传感设备，按约定的协议，把任何物品与互联网相连接，进行信息交换和通信，以实现智能化识别、定位、跟踪、监控和管理的一种网络[①]。

（二）物联网的特征

　　物联网技术使各类终端实现"全面感知"；电信网、因特网等融合实现"可

---

① 孙知信. 物联网关键技术与应用［M］. 西安：西安电子科技大学出版社，2019：2.

靠传递"；云计算等技术对海量数据"智能处理"。全面感知是指利用无线射频识别、传感器、定位器和二维码等手段随时随地对物体进行信息采集和获取。感知包括传感器的信息采集、协同处理、智能组网，甚至信息服务，以达到控制、指挥的目的。

二、物联网的体系架构

物联网的价值在于它让物体也拥有了"智慧"，从而实现人与物、物与物之间的沟通，物联网的特征在于感知、互联和智能的叠加，因此，目前业界对物联网的体系架构分为三个层次：感知层、网络层和应用层。感知层以二维码、传感器、GPS和摄像头等为主，实现对"物"的识别，实现对物理世界的智能感知识别、信息采集处理和自动控制，并通过通信模块将物理实体连接到网络层和应用层。网络层，即通过现有的互联网、移动通信网和其他专有网络等实现数据的传输。应用层，即利用云计算、数据挖掘、中间件等技术实现对物品的自动控制与智能管理等各种物联网应用。

（一）感知层

感知层处于物联网体系中的最底层，是物联网发展和应用的基础，它相当于人体的五官和皮肤——识别物体、采集信息。感知层解决的是物体识别和数据获取问题，数据获取包括各类物理量、标识、音频和视频数据。

1. 传感器技术

传感器是一种检测装置，能将检测感受到的信息，按一定规律变换成为电信号形式进行信息输出，满足信息的传输、处理、存储、显示、记录和控制等要求，它是实现自动检测和自动控制的首要环节。在物联网系统中，对各种参量进行信息采集和简单加工处理的设备，均被称为物联网传感器。

一般将传感器节点部署在感知对象的内部或附近，以自组织方式实时感知、采集和处理信息。如物理传感器能够感知热、光、电、声、位移和气味等生物传感器能够感知指纹、瞳孔、声音、脉搏和视频等。

2. 射频识别技术

射频识别技术（RFID）是 20 世纪 90 年代开始兴起的一种自动识别技术，它利用射频信号通过空间电磁耦合实现无接触的信息传递并通过所传递的信息来实现物体识别。射频识别系统主要由三部分组成：电子标签、读写器和天线。其工作原理是：电子标签进入读写器产生的磁场后，读写器发出射频信号，电子标签凭借感应电流所获得的能量发送出存储在芯片中的产品信息，或者利用自身微电源主动发送某一频率的信号；读写器读取信息并解码后，送至中央信息系统进行有关数据处理。

3. 二维码技术

条码技术是在图形识别技术、计算机技术基础上发展起来的一种信息处理技术，它集编码、印刷、识别、数据采集和处理于一身。二维码是按一定规律使用二维方向上分布的黑白相间图形记录数据信息的符号，二维码通过图像输入设备或光电扫描设备自动识读以实现信息的自动处理。

与一维条形码相比二维码有着明显的优势，归纳起来主要有以下几个方面：二维码可以直接用手机进行拍照后识读；数据容量更大，横向和纵向同时表达信息，能够在很小的面积内表达大量的信息，比条形码的信息量高几十倍；编码范围超越了字母、数字的限制，可以对图片、声音、文字、签字和指纹等编码；具有抗损毁能力，甚至损坏面积达 50% 时，仍可以正确识读；二维码在保密性、防伪性和容错性等方面也更好。

（二）网络层

网络层是物联网体系中的中间层，它相当于人体的神经中枢和大脑，进行信息的传递和处理。网络层起着数据传输的作用，当感知层的感应设备将物品信息传输到网络节点后，通过互联网、移动通信网和其他专用网络连接服务器，使客户能够获取物品信息。

在物联网中，网络层要能够把感知层感知到的数据无障碍、高可靠性和高安全性地传送，尤其要解决远距离、大数据量和高质量传输问题。比如用户能够通过 IP 地址进行访问，验证用户能够调取指定摄像机拍摄的视频资料，并能够实时对摄像机的机位和角度远程控制。

当前，物联网的承载网是以互联网和移动通信网为主的公共网络，未来将向私用和共用两个方面共同发展，私用网络主要是指适合大众使用的互联网，而专用网络将为物联网提供服务。因此物联网网络层融合了互联网、移动通信网和无线传感器网等技术的应用。

1. 互联网

广义上的互联网即因特网，是物联网的主要传输网络之一，为了让互联网适应物联网大数据量和多终端的要求，业界正在发展一系列新技术。其中，由于互联网中用 IP 地址对节点进行标识，而目前的 IPv4 受制于 IP 资源空间耗竭，已经无法提供更多的 IP 地址，所以 IPv6 将在物联网中发挥重大作用。因此，引入 IPv6 技术意义重大，将使网络服务延伸到物联网领域，包括家用电器、传感器、远程照相机和汽车等，它将使物联网无所不在。

2. 移动通信网

移动通信网络以其覆盖广、建设成本低、部署方便、终端具备移动性等特点将成为物联网重要的接入手段和传输载体。

3. 无线传感器网

无线传感器网络（WSN）的基本功能是将一系列空间分散的传感器单元通过自组织的无线网络进行连接，从而将各自采集的数据通过无线网络进行传输汇总，以实现对空间分散范围内的物理或环境状况的协作监控，并根据这些信息进行相应的分析和处理。相比于传统网络，无线传感器网的节点更密集，通常情况下，传感器的节点是固定不动的，受能量消耗的影响，它的通信和存储能力有限，也容易出现故障。

（三）应用层

应用层位于物联网体系的顶层，它相当于人类中的"社会分工"，形成人类社会与行业需求结合，实现广泛智能化的应用和功能。应用层的主要功能是把感知和传输来的信息进行分析和处理，做出正确的控制和决策，实现智能化的管理、应用和服务。

应用层按形态直观地划分为两个子层，即应用程序层和终端设备层。应用程序层进行数据处理，完成跨行业、跨应用、跨系统之间的信息协同、共享、互通的功能，包括电力、医疗、银行、交通、环保、物流、工业、农业、城市管理和家居生活等。终端设备层主要是提供人机界面，为用户提供丰富多彩的业务体验。

三、物联网技术在高校教育教学中应用面临的挑战

（一）面临着 IP 地址被耗尽的问题

每一项技术都隐藏着一个具有其特征的隐患，这种隐患若是在短时间内没有研究出一种解决的方法，将会直接导致这项技术的发展停滞，甚至消失。而物联网这一项技术在高校教育中应用时存在的一个非常重要的问题就是其可能会面临 IP 地址被耗尽的问题。原因是物联网最主要的是通过物与物之间，物与人之间的各种联系实现技术的应用，然而这种联系都需要依靠 IP 地址实现，意味着这些物在校园中都要有一个不同于其他物的地址。物联网技术会寻找这些地址，所以一旦"物"越来越多，地址就会越来越多，将会面临着被耗尽的危险，目前仅有一种 IPv6 技术可以支撑。

（二）对信息安全系统提出更高的要求

学生在应用物联网学习时，会将自己的名字、学号、账号以及其他一些隐私信息留下，这些个人隐私信息会被物联网追踪并记录。因此若是学生长期使用这样一种技术，将亦有可能使一些违法犯罪分子为了谋取不正当利益利用物联网追踪到的这些信息，这将对学生的安全造成威胁。所以一所高校如果已经考虑要引进物联网平台帮助教学，那么就应当在引进之前完善学生的信息安全系统，但是不得不承认，一个信息系统再怎么完善，都始终存在着某些潜在的漏洞。

（三）应用成本高

校园物联网中的核心部分是 RFID 标签中的芯片，一所高校为了让物联网在教学中的作用发挥到最大的话，就需要将这种芯片植入各种教学工具当中。但是值得注意的是，植入芯片不仅需要专业的人员采取专业工具才能完成，而且这种芯片的价格也是相当高的，由此可见高校应用物联网的成本相当高。

四、物联网技术在高校教育教学中的应用

（一）提供一个智能的学习环境

环境能够影响一个人的状态，学校的环境自然可能影响学生的学习状态。物联网的出现可以将学生的学习环境改善到一个足够舒服的状态。它改善学习环境的主要方式是在教室里面合适的位置安置数个传感器的节点，这些传感器节点的主要作用是监测整间教室内部的温度、光线、光照等，而且还包括监测二氧化碳的浓度。通过统计分析这些监测得来的数据，通过已经植入的最佳值自动将这些数据调整到最适合学生学习的状态，这就为学生的学习环境变得可控提供了方便。

（二）智能管理教学工具

一些高校有许多技术性的设备，例如一些生物化学类的实验器材。这些器材通常的管理方法都是放置在一般的实验室中，并没有特别的管理方式，长期下来许多器材质量因为阳光、空气、温度以及人为因素等外界因素的影响下降特别快。使用物联网则可以帮助调整这些状态到最佳，帮助延长器材使用寿命。另外根据物联网具有追踪功能这一点，还可以将它使用到防止器材被盗这一方面。

（三）提供智能化图书馆

图书馆可以说是一所大学的心脏，学生可以从这里自主学习获得大量的知识。利用物联网构建一个智能化的图书馆再好不过。物联网技术中的核心部分 RFID 标签在学校图书馆中可以充当图书上条形码的作用，帮助学生快速搜索到需要的图书信息。由此可以在图书馆内部安置数个读取器和定位器，通过两者之间的信息传输来帮助学生完成查阅图书、借还图书等，这样可以减少图书馆管理人员的工作量和工作效率。

（四）提供快捷的采集实验数据的路径

一般高校中都设有各个专业需要的实验室，学生需要通过实验完成课程

的学习。但是一些课程实验需要的时间非常长，需要一定的观察时间，比如一些生物实验，但是仅依靠学生以及老师的肉眼观察可能会造成实验数据不准确的现象。利用物联网则可以通过先进的技术弥补这一不足之处。依然是在实验器材上安装定位器、传感器这一类的装置对实验过程进行全程掌控完成监测，收集提供准确的数据用以辅佐学生专业课程的学习。

（五）实现学生随时随地学习的愿望

随着经济的发展和进步，许多学习工具都让学生学习变得便利快捷了。物联网在此基础上又有了新的发展，物联网可以让学生在学校内部各个地方完成专业学习课程。仅仅需要手边的一些类似于平板电脑、手机这一类的智能电子产品就可以实现泛在学习。而且学生还可以在各个地方与同时学习的同学进行讨论、交流。

第二节　现代信息技术

一、现代信息技术概述

（一）现代信息技术的内涵

现在，人类已经跨入信息时代，信息技术在不同的领域中发挥着重要的作用，深刻地影响着人们的生活，当然，也会对教育产生一定的影响。

对于相关研究学者及广大教育者而言，要想实现现代教育技术与教学活动的深度融合，首先就要明确现代信息技术的内涵及特点，这样才能将其价值充分发挥出来，从而更好地满足现代教育的发展需要。

从本质和内涵来看，现代信息技术以信息学为核心，主要是由计算机技术与电信技术结合而成，主要功能就是对声音、图像、文字等信息资源进行加工和处理。与其他技术相比，现代信息技术具有较强的信息性和技术性特点。所谓信息性，实际上指的是现代信息技术服务资源信息的整体效能，通过提升信息呈现效果来满足技术使用者的实际需要，从而获得巨大的应用效益；而技术性则指的是现代信息技术在应用时所依靠的先进设备，随着设备性能的增强，现代信息技术的主要功能也趋向多元化方向发展。

（二）现代信息技术的特点

信息技术作为第三次科技革命的产物，现代信息技术是以计算机及其网络技术和现代通信技术为主要特点，实现信息的获取、加工、传递和利用功能的综合，现代信息技术极大地促进了社会运行方式的改变，为社会经济发展和人民生产生活所产生提供了全新的思路，并在社会经济各个领域得以广泛应用，极大地提升了社会生产生活效率，对于促进人民生产生活提升发挥了巨大作用。伴随着现代信息技术的发展，移动互联网技术与社会生产生活结合日益紧密，现代信息技术作为计算机技术发展的产物，具有如下四种特性。

1. 信息形式的多样化

现代信息技术以信息传播的高速化为主要特征。在移动互联网时代，信息的形式既包括传统意义上的数字，更包括图片、文字、视频、音频等多种形式，信息的种类及形式较为多样，对信息的处理与保存提出了较高的要求。

2. 信息产生的海量性

在现代信息技术高速发展的今天，人们每日生产生活均会产生海量信息，尤其伴随着移动互联网时代的到来，信息日益成为重要的、服务于人们生产、生活的重要资源。当今社会，海量的信息既需要人们具有较高的信息获取与识别能力，更需要人们对于海量信息具有高超的信息处理和分析能力，以便及时、准确做出决策。

3. 信息传输的高速化

在信息化时代，信息传播依赖于现代移动互联网络，信息的传输速度非常快，美国斯坦福线性加速器中心通过现代计算机最快可实现高达10亿字节每秒的传输速度。由此可见，现代电子信息网络化传播速度相较于传统传播方式，其信息传播速度的高速化，这也为现代电子信息的全球共享和传输大规模数据库提供了可能。

4. 信息处理的智能化

现代信息技术海量化、多样化和高速化的特点，决定对于信息的处理依赖于智能化设备，即通过运用电子计算机强大的信息处理技术，通过对海量信息进行抓取、筛选、处理、分析与运用，并为开展各项社会生产生活活动提供指导。

二、现代信息技术与高校教育教学融合的重要意义

（一）促进学生的长远发展

目前，存在于各行各业中的竞争说到底就是人才的竞争，与其他方面的竞争相比，人才竞争是企业竞争最为核心的部分。与单一型人才相比，企业更想要获得综合型人才。综合型人才的内动力表现为自主性与积极性。因此，为了学生能持续性地发展，教师应重视学生自主性与积极性的提高，使其能自主地开展学习活动[①]。信息技术与高校教学的融合意义就表现在这一方面上，信息技术在课堂教学中的应用，能使学生的学习积极性与主动性得到最大限度上的激发，也能使教学资源获得高效率的应用。

其一，学生传统学习模式是一种静态的学习模式，而当信息技术被应用在学生的学习中时，学生的学习活动就具有了动态属性。学生可基于自己的学习需求利用信息技术选择学习内容。信息技术也加强了师生、生生之间的互动，使学生能与教师、其他同伴加强交流，而这对于其自主学习活动的开展来说极为有利。

其二，基于信息技术的各种教育软件与平台能帮助学生将各种学习资源保存下来，对于这部分学习资源，学生可以在当下使用，也可以在后续的学习活动中使用。可见，信息技术对学生学习的影响是深远的。

（二）优化课程教学体系

从教学内容视角上看，信息技术能提供大量的网络教学资源，使教学内

---

① 邱娜. 现代信息技术与高校教育教学深度融合的路径研究［J］. 轻纺工业与技术，2020（5）.

容得以丰富。同时，网络教学资源形式多样，它不仅能提供传统教材上的文字与图片知识，而且还能以音频与视频为载体传递知识。同时，以信息技术为载体的教学资源还能极大地刺激学生的感官，使学生更加乐于学习这些知识①。

从教学模式视角上来看，信息技术有助于教学模式的创新。在信息技术的支持下，翻转课堂、慕课等一批新的教学模式不断涌现了出来，并在教育教学领域获得了广泛的应用，促进了教学质量的提高，促进了学生学习效率的提高。

从教学方式视角上来看，传统课堂教学中的灌输式教学方式已经在信息技术的影响下悄然发生改变。在信息技术的支持下，教师意识到了学生地位的重要性，积极地凸显学生的地位，同时还正视了自己在教学中的作用，促使自己所塑造的角色更加符合教学的实际。

三、现代信息技术在高校教育教学中的应用现状

（一）应用广泛

20世纪40年代到20世纪60年代，计算机和互联网相继问世，由此也带来了高校教学的变革。随着计算机和互联网技术的不断发展和完善，进入21世纪，现代信息技术在大学课堂教学中，已由一开始的辅助教学手段转变为主要的教学手段，大大推动了高等教育教学的发展。时至今日，基本上全国的高校都对相关信息技术进行了引进和利用，突出体现在多媒体技术上。

其一，从教师层面上来看，其教学活动发生了十分显著的变化。教师不再简单地借助教材开展教学活动，还会利用信息技术在互联网平台上收集更多的教学资源，进而使教学内容体系得以丰富。在课堂内容的表达方面，教师使用的表达形式更加多样，其依然使用传统的语言、板书表达形式，但并不仅使用它们，多媒体课件也成为其进行内容表达的重要形式。

---

① 何克抗. 21世纪以来的新兴信息技术对教育深化改革的重大影响 [J]. 电化教育研究, 2019 (3).

这样的一种形式能使学生的学习更加生动、形象，进而也能激发其学习的积极性。

其二，从学生层面上来看，其学习活动发生了十分显著的变化。在信息技术的支持下，学生的学习方式发生了明显的变化，利用线上课程，教师与学生可以进行实时的交流，甚至利用远程软件，教师还能与远在地球另一头的学生进行交流。另外，学生同样也能自行在互联网平台上收集自己需要的学习资料，这些符合学生学习"口味"的学习资料能促使学生更喜欢学习，也能提升其学习质量。

（二）存在诸多问题

信息技术在高校教学中的应用依然存在不少的问题，这些问题主要表现为以下几个方面。

第一，教师一般都将多媒体课件看作是呈现教学内容的方式。大学阶段的专业知识相对来说比较复杂，尤其是对于一些人文专业来说，文字叙述的内容更多，以至于不少教师都喜欢将知识整合成 PPT，并播放它让学生了解知识。但是，有些教师制作 PPT 的技术水平不高，满眼望去全是文字。很显然，这样的 PPT 无法激发学生的兴趣，这就使信息技术在教学中的应用变了味儿。

第二，大学生运用信息技术开展学习活动可能会使自己脱离"学"的中心轨道。教师利用信息技术开展教学活动，主要的目的就是提高教学的质量，同时促成学生学习质量的提升。但不少教师似乎已经过于依赖与重视信息技术，在教学活动中，教学内容才是重点，但这些教师却将重点放在了信息技术上，没有较好地把握教学内容。即便多样的知识呈现方式让学生对学习充满浓浓的兴趣，但与此同时，他们也可能为多样的形式所吸引，进而不太专注于学习。

第三，表面上来看，教学形式是比较新颖的，但是从教学的本质上来看，教师知识传授的方式依然传统。教师在课堂教学中使用信息技术让课堂教学变得更加容易，尤其是各种漂亮的 PPT 更是夺走了学生的目光。但也应该清楚的是，从教学内容层面上来看，所谓的教学依然没从传统教学框架中解脱出来，教师依然会对着 PPT 讲解理论知识。

四、现代信息技术在高校教育教学中的应用策略

如今，时代的一大发展主题已经表现为信息化，信息技术在高校教学中的应用已经势不可挡。信息技术极大地丰富了教学模式体系，同时对于实现全民教育、终身教育的目标也有着重要的作用。因此，要繁荣发展中国的高等教育事业。首先，应该从整体上提升社会对信息化教学的认知，使全社会都能充分认识到信息化教学在高等教育事业发展中的重要性，认识到信息化教学在人才培养方面的重要性。其次，高校应该紧跟时代发展的脚步，逐渐加强信息资源建设，实现教学设备的升级，提升教师的信息素养，从硬件与软件两个方面逐步提升高校教学的信息化水平。

（一）全面落实教学信息化改革

今天，教育已经不可能离开信息技术，信息技术在中国高等教育发展中有着不容小觑的价值。在信息时代，高校应该利用远程教育软件实现不同地区的优质教育资源的共享，从而最大限度上缩小地区教育差异，使优质的教育资源可以在教育资源相对贫乏的地区落地。同时，还要在全社会形成终身学习的氛围，为人民搭建终身学习平台，从而促进社会主义教育目标的达成。

（二）加快现代化教学环境建设

信息化教学目标的达成并不容易，它需要教学系统中各要素的相互作用。同时，高校也应该逐步加强教学环境建设，不断优化教学环境，升级教学设备，提升教师与学生的信息素养，从而在硬件与软件两个方面完成教学环境的优化。高校领导应该认识到移动互联网在高校教学信息化建设中的重要性，积极发挥移动互联网的优势，搭建信息化教学平台，鼓励教师挖掘信息化教学资源。

（三）开展教学信息化相关培训

现阶段，中国高校课程改革的重要发力点已经表现为信息化教学，不管是学术界，还是高校，其都十分重视信息化教学。不过，需要指出的是，许

多高校教师因为没有较高的信息素养以至于无法高效开展信息化教学活动。因此，高校应该定期组织教师参与信息化教学培训，使教师在培训过程中能实现理论知识与实践知识的高效整合，同时也能使其在教学中比较灵活地运用信息技术。

第三节　大数据技术

一、大数据技术概述

（一）大数据的特点

随着大数据时代的到来，"大数据"已经成为互联网信息技术行业的流行词汇。关于"什么是大数据"这个问题，行业比较认可关于大数据的"4V"说法。大数据的"4V"（或者说是大数据的 4 个特点）包含 4 个层面：数据量大、数据类型繁多、处理速度快和价值密度低。

1. 数据量大

人类进入信息社会以后，数据以自然方式增长，其产生不以人的意志为转移。从 1986 年开始到 2010 年的 20 多年时间里，全球的数据量增长了 100 倍，今后的数据量增长速度将更快，我们正生活在一个"数据爆炸"的时代。目前，世界上只有 25%的设备是联网的，大约 80%的上网设备是计算机和手机，而在不远的将来，将有更多的用户成为网民，汽车、电视、家用电器、生产机器等各种设备也将接入互联网。随着 Web 2.0 和移动互联网的快速发展，人们已经可以随时随地、随心所欲发布包括博客、微博、微信等在内的各种信息。将来随着物联网的推广和普及，各种传感器和摄像头将遍布我们工作和生活的各个角落，这些设备每时每刻都在自动产生大量数据。

2. 数据类型繁多

大数据的数据类型丰富，包括结构化数据和非结构化数据。其中，前者占 10%左右，主要是指存储在关系数据库中的数据；后者占 90%左右，其种类繁多，主要包括邮件、音频、视频、微信、微博、位置信息、链接信息、手机呼叫信息、网络日志等。

如此类型繁多的异构数据，对数据处理和分析技术提出了新的挑战，也带来了新的机遇。传统的数据主要存储在关系数据库中，但是，在类似 Web 2.0 等应用领域中，越来越多的数据开始存放在非关系型数据库中，这就必然要求在集成的过程中进行数据转换，而这种转换的过程是非常复杂且难以管理的。传统的联机分析处理和商务智能工具大都面向结构化数据，而在大数据时代，用户友好的、支持非结构化数据分析的商业软件也将迎来广阔的市场空间。

3. 处理速度快

大数据时代的很多应用都需要基于快速生成的数据给出实时分析结果，用于指导生产和生活实践。因此，数据处理和分析的速度通常要达到秒数量级响应，这一点与传统的数据挖掘技术有着本质的不同，后者通常不要求给出实时分析结果。

为了实现快速分析海量数据的目的，新兴的大数据分析技术通常采用集群处理和独特的内部设计。

4. 价值密度低

大数据虽然看起来很美，但是其价值密度却远远低于传统关系数据库中已经存在的那些数据。在大数据时代，很多有价值的信息都是分散在海量数据中的。以小区监控视频为例，如果没有意外事件发生，则连续不断产生的数据都是没有任何价值的，当发生偷盗等意外情况时，也只有记录了事件过程的那一小段视频是有价值的。但是，为了能够获得发生偷盗等意外情况时的那一段宝贵记录，需要保存摄像头连续不断传来的监控数据。

（二）大数据的关键技术

当人们谈到大数据时，往往并非仅指数据本身，而是指数据和大数据技术这两者的综合。所谓大数据技术，是指伴随着大数据的采集、存储、分析和应用的相关技术，是一系列使用非传统的工具来对大量的结构化、半结构化和非结构化数据进行处理，从而获得分析和预测结果的一系列数据处理和分析技术。因此，从数据分析全流程的角度，大数据技术主要包括数据采集与预处理、数据存储和管理、数据处理与分析、数据安全和隐私保护等几个层面的内容。

二、大数据技术在高校教育教学中的应用价值

（一）加快高校教育改革的步伐

大数据技术在高校教育中的运用能极大程度上推动高校教育改革的步伐。当前，中国经济快速发展，社会对人才的要求越来越高。基于此，不少高校开始改变人才培养方案、变革教学内容与方法等，进而提升高等教育的质量与水平。高校在进行教育改革的过程中肯定会使用一些信息技术，大数据技术就是其中之一。借助大数据技术，高校能挖掘更多的教育资源，同时，教师也能获得更丰富的教学资源。更为重要的是，学生能自主选择学习内容与方法，以至于其学习效率有了明显的提高。因此，从整体上来看，高校教育改革已经有所突破与发展。

（二）转变高校教育的观念及方法

实现大数据技术与高校教育的融合，能促进中国高校教育观念与方法的转变。大学生在教育背景、性格等诸多方面存在差异，因此，高校不能再延续使用单一的教育理念，而是应该积极重视学生个性的培养、尊重学生的差异。高校教师在教学中应该注意凸显学生的主体地位，使学生能在教学中注意激发自己的主动性与积极性。教师应该充分利用大数据技术收集、分析学生的身心发展特点，并利用不同的网络资源提升学生的自主学习能力。大数据技术让高校教师可以在一个新的教育平台上开展教学活动，使其能进一步拓展教学的空间、开阔学生的学习视野，进而实现教学水平的整体提高。

（三）促进高校教、学、研、创和用的一体化发展

大数据技术在高等教育中的应用能使高校实现教、学、研、创和用的一体化发展。高校是培养优质人才的场所，应该基于社会的实际需求来制定人才培养规划，应该将教学、研究、创新等方面整合起来。当前，不少高校都

在广泛利用大数据技术强化集教学、研发、创新与应用的一体化发展，这能最大限度提升教学质量。

三、大数据技术在高校教育教学中的具体应用

（一）构建大数据资源共享平台

高校应该利用大数据技术建立大数据资源共享平台。国家教育部门所应建立更加完善的教育管理服务系统，全国范围内的所有高校都可以在这个系统中注册。这样的一个系统能使所有高校的教育资源被整合在了一起，有利于提升教育资源利用的效率。各大高校应收集基础教育资源数据，同时随着自身教育发展的变化不断更新数据。大数据技术有着强大的分析能力，借助这一技术，各大高校能完成对教育基础数据的整理与分析，进而选择优质资源上传到平台中，实现各大高校教育资源在全国范围内的共享。教育资源共享能缩小地区教育差异，尤其是对于那些教育资源匮乏的地区来说，共享的大数据资源平台将会促进其教育发展。

（二）利用大数据技术丰富教学手段

各大高校可以使用大数据技术开展教学实践活动。

首先，大数据技术的运用使不同的教学资源都能实现数字化处理，也能使这些资源借助移动设备传播出去。很明显，这让中国高等教育的实施路径变得更加丰富。高校教师也开始意识到传统课堂教学的局限性，纷纷采用线上教学的形式加强了与学生的沟通。线上教学模式能拉近教师与学生的情感距离，能让学生感受到教师的尊重。当学生遇到问题时，教师就可以及时地帮助学生解决，同时，学生也能自由地从线上教学平台上下载自己需要的学习资料。

其次，高校利用大数据技术还能完成学校教育网站的建立。在这个网站上，学校可以发布更加全面的教育咨询，使学生能在第一时间了解专业设置、课程设置情况，了解课程的具体内容。学生在学校教育平台上注册完毕之后就能自行浏览或者下载教育资源。与此同时，只要学生在这个平台上留下自

己的痕迹，那么，学校利用大数据技术就能掌握学生的学习轨迹，也能分析出学生比较喜欢的学习资料。根据大数据技术的分析结果，高校可以上传更多学生需要的学习资料，从而促使学生的学习质量得到显著提高。

（三）将大数据技术应用到学生评价环节

大数据技术在学生评价中也能发挥积极作用。高校教育质量受到许多因素的影响，学生的学习就是重要的一大要素，因此，高校应该充分利用大数据技术对学生的学习情况进行分析与总结。大数据技术可以收集学生不同时期的学习数据，从而有助于教师分析学生的学习规律，也能有助于其了解学生在学习过程中存在的问题，进而帮助其解决。例如，高校可以利用大数据平台评估学生的考试成绩，也可以利用大数据平台监控学生的课堂表现。

四、基于大数据技术高校教育管理工作的优化措施

（一）明确大数据教育管理应用理念

理念与行动的关系密切，前者能对后者发挥引领作用。因此，运用大数据技术开展教育管理工作就意味着高校相关工作人员应该树立大数据教育管理应用理念，同时，能将这一理念灵活地运用在教育管理工作实践中，从而促使高校教育管理工作可以顺利开展。要使工作人员树立并应用这一理念，应该从以下几个方面入手。

首先，工作人员应该正确认识大数据技术在高校教育管理工作中的重要性，最好能形成数据即资源的观念。相关工作人员应重视大数据技术在高校教育管理工作中的重要性，并自觉地在工作中收集数据信息，从而使这些数据信息能为高校教育管理工作的开展奠定扎实的基础。

其次，对教育管理工作思维予以改变。大数据技术在教育管理工作中的应用并不是简单地对教育管理工作的补充，它其实颠覆了传统的教育管理工作，实现了教育管理工作的革新。教育管理工作者应该适应这种革新情况，转变自己的思维，从整体上形成用大数据技术进行教育数据分析的思维，同时还应认识到不同类别的数据之间的连续性与关联性，进而使高校教育管理

工作真正能从传统的教育管理工作框架中挣脱出来。

最后，高校应广泛宣传大数据技术。大数据技术是信息时代涌现出来的一种新的技术，其在教育领域的应用时间其实也不是很长，以至于不少师生其实对这一技术并没有太多的了解，因此，高校应该努力地宣传大数据技术，以加强师生对大数据技术的认识与理解。高校应借助各种能利用的平台宣传大数据技术，积极引导师生应用该技术，甚至使其可以形成大数据思维①。

（二）建立教育管理大数据平台

大数据教育管理平台是高校开展教育管理工作的重要支撑，但受到许多主客观因素的影响，许多高校并未认识到这一点，进而没有构建比较实用的数据平台，这就在一定程度上影响了大数据教育管理工作的顺利开展。因此，高校应该转变工作思路，积极顺应教育管理工作的新趋势，投入大量资金与人力资源进行教育管理大数据平台的构建。具体来说，应该从以下几个方面着手。

首先，在收集数据信息之前应该完成数据信息收集标准的制定。高校应该组建与数据采集工作有关的部门，并从整体上统筹好数据收集工作，制定好标准，确保数据收集工作的有效性。

其次，制定数据信息分类标准，依据标准可以使数据管理工作处于比较和谐的状态中，同时也能为大数据教育管理工作打下十分坚实的基础。

最后，加大资金投入，建立教育管理大数据平台。高校应重视教育管理大数据平台的建立，积极地投入资金，实现大数据平台的高效建立与应用。对于全国范围内的高校来说，如果其教育管理大数据平台上的资源可以被统一起来，那么，教育管理资源将能实现共享②。

（三）培养教育管理工作者的数据素养

教育管理工作者应该形成正确的数据意识，不仅具有获取数据的能力，而且还具有分析与运用数据的能力。要加强高校教育管理信息化建设，一定数量的具有良好数据素养的教育管理工作者至关重要。因此，高校应该努力

① 陈杨波. 大数据时代的高校教育管理工作优化途径探讨［J］. 北京印刷学院学报，2019（5）.
② 高平. 大数据时代高校教育管理工作创新研究［J］. 教育教学论坛，2020（1）.

重视团队建设，培养更多优质的教育管理工作者。具体来说，可以从以下几个方面重点推进。

首先，教育管理工作者应该正确看待大数据技术，要认识到大数据技术在高校教育管理工作中的重要性，进而从内心深处接纳大数据技术，并将其灵活地运用在教育管理工作中。

其次，高校应该积极引进更多大数据技术人才，使其能参与到教育管理工作者的培养中。高校可以组织大数据技术专家到高校开办讲座，也可以定期为高校教育管理者组织培训活动，在与大数据技术专家的交流中，在积极参与高校教育管理培训活动的过程中，教育管理工作者将会获得更为先进的教育管理技术理念，也能在工作中更为高效地使用大数据技术。

最后，要使高校教育管理工作者形成较强的大数据伦理意识。因为在运用大数据技术开展教育管理工作的过程中可能会遇到因大数据技术的使用导致师生隐私泄露的问题。因此，高校教育管理工作者应该具有大数据伦理意识，能自觉保护师生的隐私。

（四）建立健全大数据教育管理制度

大数据技术有着自己的优势，但同样也存在一定的劣势，这是不可避免的。大数据在教育管理工作中应用的优势体现在，大数据技术能极大地提升高校教育管理工作的效率；大数据技术在教育管理工作中的劣势体现在，大数据技术需要实现恰当的应用，一旦教育管理工作者使用不当的话，很可能会发生师生隐私信息泄露的危险，进而使师生的生活受到影响。基于此，高校应该认识到大数据技术具有的双面性特征，建立更加科学、完善的大数据教育管理制度，从而约束教育管理工作者的行为，使大数据技术真正能成为促进教育管理工作顺利开展的利器。

首先，高校要明确数据的采集、分享与应用方面的内容，从而在制度方面避免大数据滥用的情况，加强对大数据的科学管理。其次，高校应该购买数据安全防护技术，以确保大数据信息的安全。最后，还要对各种偷窃大数据的行为进行严厉的惩处，依据相关的法律法规加强数据的安全管理。

通过上述分析可以知道，在高校教育管理工作中运用大数据技术已经成为一种必然，高校应该重视这一问题，并积极引导教育管理工作者形成大数据技术应用的正确的理念，同时建立教育管理大数据平台，完善大数据管理制度。这样，高校大数据教育管理信息化水平将会获得显著提高。

第四节　云计算技术

一、云计算技术概述

云计算是分布式计算、并行计算、效用计算、网络存储、虚拟化、负载均衡、热备份冗余等传统计算机和网络技术发展融合的产物，是一种按使用量付费的模式。这种模式提供可用的、便捷的、按需的网络访问，进入可配置的计算资源共享池（资源包括网络、服务器、存储、应用软件、服务），这些资源能够被快速提供，而只需投入很少的管理工作。简单地讲，就是将很多位于同一地点或不同地点的计算机集合起来为企业或个人用户提供各种服务。云计算打破了计算机的传统数据管理模式，按需分配给客户数据计算和管理能力，增强了客户使用计算资源的便捷性，减少客户购买硬件、应用程序的成本费用。

二、教育云对高校教育教学发展产生的影响

云计算在教育中的应用可以称之为教育云。

（一）降低了办学成本

目前，各校之间及校内各部门之间存在着大量资源重复建设、硬件利用率不平衡等情况。通过教育云平台的建设，可以整合各级学校和部门的软、硬件资源，实现计算资源的优势集中，并通过虚拟化技术弹性、按需分配计算资源，在提高资源利用率的同时，节约成本，大幅减少基础设施、软件、资源建设和人力方面的投资，在设备维护和人员管理方面也减轻了工作量，而且在大数据计算能力和数据安全性方面也明显提高。

（二）有助于消除"信息孤岛"

在高校中，网络中心、教育技术中心和图书馆等是教育信息化的主要实施单位。随着教育信息化的普及，学院、职能部处及后勤单位等也在信息化系统应用方面同样发展迅速，各部门均研发和应用了大量网络软件平台。这些服务带来丰富资源、提高效率的同时，也带来了"信息孤岛"问题，即平台众多、互不兼容且分散管理，用户需要分别登录，很不方便。而教育云的建设通过面向整体云系统架构和搭建云服务门户服务平台，能够彻底解决这一问题。

（三）支持在线自主、协作学习

云计算技术以其良好的系统架构和设计将改变人们应用硬件、软件、平台和资源的服务方式，这种改变将更好地促进在线学习的发展，形成对课堂教学的有力补充。教育云能够为教师和学生提供更加丰富和人性化的教学、生活支持服务，促进混合学习模式的应用。当前针对高校学生的精品课程、优质资源共享课程、中国大学公开课、国际开放课程、国际名校视频公开课、慕课、可汗学院课程以及微课视频等极大丰富和补充了校内学习资源，在线学习资源更丰富、终端更加移动化，注解、写作和社会化工具也促进了协作学习的应用。整体而言，学生基于资源的主动学习意识增强，学习可以做到碎片化、泛在化、协作化和个性化。

教育云将逐步改变目前以教师为主导、课堂教学为中心的教学结构，过渡到学生为中心，更好地满足学生的学习需求。翻转课堂的模式将被更多地采用，即将知识传授和知识内化阶段翻转，课外观看教学视频、微课视频、文档参考资料等，课内进行小组讨论、汇报、交流、测验和考试等，进行知识的综合内化，这对知识的应用、分析、综合、评价等学生智力技能和认知策略领域的发展有重要的意义。

国家教育云以及区域教育云的有效建设，能够提供丰富、优质的教学资源，并进行主动有效的信息的针对性推送，这对减小地区差异、促进教育公平和教育均衡发展也有积极的意义。

（四）有助于学习分析

教育的大数据时代到来，学习分析技术将在高等教育领域广泛采用。学习分析技术是各类数据收集工具和分析技术的松散结合，用来研究学生的实际参与、表现和进展，它的目的是利用所得数据来实时修改课程、教学和评价。学习分析技术依靠谷歌分析等工具来理解动态学习环境所带来的复杂性、多元性和信息的丰富性。近年来，高等教育领域关于学习的研究，主要聚焦在评价和分析学生在一门课程或项目的学习中所面临的困难，根据这些困难设计具有针对性的人工干预方案，以解决学生短期内面临的学习问题。

教育云的搭建有助于完成高性能运算分析，耿学华认为教育云可以辅助管理者发现大学运转中的问题，据此做出快速响应，合理决策[①]；可以对学习者的学习轨迹进行追踪、记录，及时发现问题，帮助学习者认识自己，帮助教师了解学生，从而有助于个性化的学习和指导。

三、云计算在高校教育中的典型应用案例

各国都在积极开展教育云的探索。美国确立云优先政策，在 2011 年启动教育部数据中心整合计划和北卡罗来纳州教育云工程。英国推广高等教育云服务，在 2011 年投入 1 250 万英镑为英国大学教育和科研提供云计算服务。韩国积极构建全国性的学习管理云平台，并通过教育云提供资源服务。

在政策的鼓励和引导下，云计算产业迅速发展，一些企业进行着教育云的研究并已提供教育云产品。例如惠普联合 Class Link 发布了 School Cloud，允许教师和学生利用任何计算机网络终端通过虚拟桌面获得自己的应用程序和问卷。戴尔公司与 Moodel Rooms 合作为教育机构提供教育 SaaS 云服务，其中，戴尔公司负责云计算基础架构的建设，Moodle Rooms 负责应用系统的建设。思科提出被称作"三部曲"的教育云解决方案：从房间到校园，再到数据中心和云端，最后到提供云服务[②]。在微软教育云应用南方示范基地合作项目中，佛山教育局成为中国第一家全面部署 Live@ edu 服务的市级机构，

① 耿学华，梁林梅，王进. 云计算在高等教育信息化中的应用与展望 [J]. 现代教育技术，2012（3）.
② 祝智庭，贺斌. 智慧教育：教育信息化的新境界 [J]. 电化教育研究，2012（12）.

搭建了佛山市南海区教育云，为学生提供邮箱服务、网上办公、网络硬盘、即时通信，并能实现多平台、多操作系统、多浏览器、多设备的无缝使用体验。

一些大学做出了前瞻性的工作，如北卡罗来纳州立大学云计算服务和清华大学 Meepo 云存储服务两个云计算服务的典型应用项目的建设和应用值得学习和借鉴。

（一）北卡罗来纳州立大学云计算服务

北卡罗来纳州立大学（NCSU）的虚拟计算实验室是为教育机构提供安全、按需计算服务的先驱。虚拟计算实验室自从 2003 年开始进行云计算的研究，在 2004 年开始提供云服务，那时"云计算"一词还未流行。虚拟计算实验室的学术云基于开源技术，能够提供基础设施即服务（IaaS）、平台即服务（PaaS）和软件即服务（SaaS）三种类型的服务，也包括支持高性能计算服务。虚拟计算实验室云计算服务的优点在于不仅提供计算资源和技术支持服务，还能提供一些学生个人电脑难以安装的应用服务，另外，虚拟计算实验室还能够为一些基础设施有限的教育机构提供计算服务。截至 2009 年，虚拟计算实验室为超过 3 万名教师和工作人员提供服务。其中一个典型应用方式是用户通过 Web 终端输入授权访问账号，验证后使用下拉菜单选择所需的计算环境和时间段，系统分配后即可使用。虚拟计算实验室能为应用服务动态地分配资源，能够提高效率和降低成本。例如，在学期期间休息时，大多数学生不使用计算资源，系统会自动把这些资源分配给那些需要进行建构复杂模型和模拟而进行大容量计算的研究人员。目前，虚拟计算实验室的云计算服务面向州内 7 所公立大学、社区学院系统和几个州外的大学，包括印度 3 所大学，近期也在考虑将虚拟计算实验室学术的云服务扩展到 K-12 学校。

（二）清华大学 Meepo 云存储服务

在当今信息时代，人们每天都在制造和消费大量数据，数据已经成为现代人不可低估的资产。如何永久保存自己的数据资产，并随时、随地、随心使用这些数据资产？云存储给了我们一条出路。基于这种需求，清华大学计算机系研发了校园 Meepo 云存储系统。"Meepo"是魔兽游戏中的一个角色，中文一般翻译为"地卜师"，有可能 Meepo 云存储的名字是因为设计者喜欢这个角色才由此得名。

Meepo 平台实现了文件数据的存储和共享，将网络资源与本地无缝集成，完全虚拟成本地磁盘使用，支持复制、粘贴、运行、查看等系统命令，支持在云端直接完成读写操作，比如在云端编辑文档和播放高清影片等。

Meepo 平台根据不同的需求采取不同的缓存策略，增强用户体验，包括个人用户、公共社区和社区空间。其中，个人空间支持美国注册用户享有 20C 个人空间，可以离线使用；社区空间简单申请就可以建立，支持 500 G 初始社区空间；公共社区面向全体用户开放，包括共建共享音乐、影视、文档和学习资料等。

Meepo 社区包括多种类别，如院系班级、社团机构、教学科研、行政办公、学习资源、娱乐社区、软件资源、其他社区等。Meepo 在支持课程学习方面，以清华大学刘欣欣的西方弦乐赏析课社区应用为例，用户总数 56 人，创建时间在 2012 年 3 月，课程资源丰富，共享资料包括教学课件、弦乐曲目、课程作业和学习心得等；教学活动支持课程学习、知识拓展、课下交流和作业管理等。Meepo 在支持社区应用方面，以清华大学跳水队为例，社区资源丰富，共享资料包括训练照片、训练视频、比赛总结、内部文档和参考资料等；训练活动支持动作自查、动作互查、录像学习、训练总结和赛前分析等。Meepo 在院系应用、班级应用、娱乐分享等方面都有很好的应用，受到师生的欢迎。

Meepo 平台在实现数据存储功能的基础上，也实现了以数据为核心的社交方式，得到了师生的认可。Meepo 平台现在已部署在多所学校，如清华大学、兰州大学和合肥工业大学等。从 2012 年 2 月 Meepo 应用数据统计看，清华大学用户数超过 1.6 万人，社区数超过 450 个，资源超过 72 T；兰州大学用户数超过 4.7 万人；合肥工业大学社区数超过 220 个。

四、云计算技术在学习模式中的应用

（一）学生学习模式的应用

作为高校教师，应该转变传统的学习模式设计理念，将传统的资源堆积型的设计理念，调整为以学生和问题为中心的新型学习设计理念。丰富多样的学习资源如何能够有效地得到学生的利用，为学生提供适时资源类型以完成高效的学习目标，这就需要教师首先对学生的学习风格进行分析，每个学生的背景、知识水平、兴趣爱好、学习方法等方面也都呈现不同的特征，学习风格迥异。云平台的海量存储和计算能力可以辅助教师对不同的学生定制学习内容和学习计划，比如主动型学习者学习主动，勤于思考，更希望得到提炼后的知识脉络、提纲等资源来自主安排学习进度。被动型更偏好于教师的讲解及引导，适合推荐教学视频、课堂讲座等音视频资源。自由型的学习者更加个性化，喜欢跟随个人兴趣不断探索深入，适合以学习任务的形式为其推荐学习资源。

（二）教师学习模式的应用

目前，教师专业化发展有很多的模式和方式，网络环境下的教师培训是教师专业发展最主要的方式之一。如同学生的学习一样，教师的学习也可以在"云服务"环境中进行，教师随时接入系统，定制学习资源，与不同的教师进行互动交流。云计算的随时接入使学习过程更加适合学习者也趋于个性化。

第六章

高校教育与教学模式创新

随着现代信息技术的飞速发展，包括互联网、多媒体信息处理等信息技术的快速发展为在线教育的发展提供了坚实的支撑，也使得大规模并且个性化的学习成为可能。高校教育的教学特点和培养目标与当今信息化教学的个性化、互动性、开发性特征相吻合，这就为教学改革过程中实现高校教育教学模式创新提供了可能。本章主要对高校教育与教学模式创新进行了系统论述。

第一节　翻转课堂教学模式

一、翻转课堂解读

（一）翻转课堂的内涵

翻转课堂，通常也称为翻转教学、颠倒课堂、翻转学习、颠倒教室、反转教室、反转课堂、翻转教室等。一般来说，学生的学习过程总体分为两个阶段：第一是知识传递过程，第二是吸收和消化的过程，即知识内化的过程。这两个过程尽管无法严格区分，但总体而言，应是知识传授、知识感知为主的过程在先，知识内化、知识深层次理解的过程在后。在传统课堂中，知识传授主要通过教师的课堂讲授来完成，而知识内化则是靠学生课后完成作业或实践得以实现。

其实，从字面意思理解，翻转课堂只是将课堂翻转。这样看来，把原来在课堂完成的知识传递过程改为在课前完成，把原来在课后完成的知识内化过程改为在课堂上完成，这应该是翻转课堂最基本的定义。而那些"与信息技术结合""课前要提供哪些教学资料""课上应如何组织"等内容，并非翻转课堂的原始要求，而是在翻转课堂实施过程中演化而来的内容。

在翻转课堂中，教师赋予学生更多的学习自由，借助网络等多媒体技术，学生观看录制的教学视频，在课下完成知识的接收。这个过程，学生可以自由选择最适合自己的学习方式；而知识内化过程则被放在了课堂上，这样师生之间、生生之间就可以有更多的交流沟通机会。

（二）翻转课堂的特征

1. 教学视频短小精悍

教师提供给学生的教学视频的时间并不长，有些长的教学视频也只有十几分钟。每个视频都有一个内容主题，这让学生的学习变得具有针对性，学生使用起来相对也比较容易；人类的注意力保持有着自己的规律，教师一般会依据人类注意力保持的规律制作教学视频，从而使学生可以实现高效地学习；学生在观看教学视频时可能无法通过一次视频的观看就掌握知识。因此，教学视频一般都具有暂停、回放等功能，这些功能能使学生可以反复观看视频，完成对知识的掌握。

2. 重新建构学习流程

教学流程的颠倒无疑是翻转课堂最明显也是最外化的标志。一般来说，学生的学习主要是由以下两个环节组成的。第一，信息传递环节。信息传递并不仅指信息从教师向学生的方向流动，其也包括学生与学生之间的信息流动。第二，吸收内化环节。这一环节指的是在课后，学生自行完成对课上所学知识的吸收。不过，需要指出的是，在这一环节中，学生主要是依靠自己来完成知识内化任务的，教师与其他同伴并不能给予其较多的指导与帮助，以至于有些学生因为无法完成这一任务而感觉到非常挫败。翻转课堂的教学环节与传统教学环节是相反的，教师在课前提供给学生教学视频，学生通过学习教学视频完成对相关知识的学习；学生在课前观看教学视频的过程中对某些知识可能无法做到完全了解。因此，在课堂上，学生可以将自己的疑问提交给教师，而教师则需要帮助学生解决问题。而且，学生与学生之间也能就某些问题展开探讨与交流，从而从多个方面实现知识的内化。

3. 师生角色的重新定位

在翻转课堂模式下，师生的角色都发生了十分明显的变化。教师成为学生学习活动的组织者与推动者，而学生在学习活动中也凸显了自己的中心地位。学生中心地位的凸显并不意味着教师在学生学习活动中作用的弱化，其实，在翻转课堂中，教师依然能对学生的学习进行一定的指导，促进学生学习质量的提高。

4. 评价方式多样化

与传统的考试评价方式不一样，翻转课堂使用的是多元评价方式。在具体进行评价时，评价者可以利用网络平台对学生的学习情况进行合理评价，同时，评价的内容变得更加丰富，不仅能对学生的合作能力、表达能力进行评价，而且还能对学生的学习时间管理能力进行评价。此外，在实际的评价中，评价者使用的评价方式主要包括教师评价、组员互评和自我评价，这三种评价方式都有着自己的优势，评价者可以根据实际的评价情况进行合理选择，甚至可以综合两种或多种评价方式一起使用。

二、高校教育中翻转课堂教学模式构建的意义

（一）有助于构建新型师生关系

"以教师为中心"是传统课堂最为明显的特征，在这样的一种课堂中，学生无法激发自己学习的兴趣。教师与学生的关系也表现为教师主动讲解、学生被动接受的关系。翻转课堂与传统教学模式有着显著的差异，它突出了学生的中心地位，认为教师所开展的一切教学活动都应该围绕学生进行，应该尽可能让学生进行自主学习。教师提供给学生教学视频之后，具体的观看则需要学生自行决定，学生可以决定自己什么时间观看以及观看的次数等。在课堂上，教师与学生的交流更加频繁，在频繁的交流中，学生变得更加主动，他们会主动地向教师提问题，而教师也会对学生的问题进行适当的指导。教

师还可以给学生分组，让学生以小组为单位对某一问题进行合理的探讨，进而在探讨过程中提高学生的思考能力，培养协作精神。

在翻转课堂模式之下，教师的角色发生了变化，教师不再是课堂的绝对权威，他们已经成为学生学习活动的引导者；与此同时，学生的角色也发生了相应的变化，学生不再是被动接受教师传授知识的容器，其已经成为主动学习的知识建构者。当教师与学生的角色都发生改变之后，教师与学生的互动交流更多了，他们之间的感情也加深了，这让他们的关系变得和谐，这十分有利于教师教学活动的进一步开展。

（二）有助于高校整体教学效率的提升

翻转课堂教学模式是一种基于信息技术形成的新的教学模式，这一模式的应用极大地提升了教学的效率。利用翻转课堂教学模式，教师可以在课前给学生提供教学视频，学生通过在课前观看教学视频就能提前完成对相关知识的预习，这让教师在课堂上没有必要讲解学生已经在课前掌握的知识，他们只需要讲解学生在课前预习过程中遇到的问题，这就极大地节省了教学的时间，也提升了教学的效率[①]。

（三）有助于推进我国教育信息化的发展

现代教育改革的方向众多，其中一个比较重要的方向就是信息化。教育信息化是教育改革的必然要求，也是教育现代化目标实现的重要手段。信息技术被应用在教育领域形成的一种新的教育形态就是信息化教育[②]。这一教育形态恰恰就是教育走向信息化道路的明证。翻转课堂教学模式之下，教师形成了信息化教学思想，能自觉地将信息技术运用在教学实践中，从而显著提高了教学的质量与效率。中国教育信息化的发展是需要强有力的教学经验做支撑的，翻转课堂在教学中的优异表现已经极大地促进了中国教育信息化的发展。

---

① 何克抗. 从"翻转课堂"的本质，看"翻转课堂"在我国未来的发展 [J]. 电化教育研究，2014（7）.

② 汪基德. 从教育信息化到信息化教育：学习《国家中长期教育改革和发展规划纲要（2010—2020 年）》之体会 [J]. 电化教育研究，2011（9）.

三、高校教育中翻转课堂教学模式构建的策略

（一）确定教学目标

在将翻转课堂教学模式应用在教学中之前，高校应该详细分析社会对人才的要求，围绕这一要求制定翻转课堂教学模式在教学中的实施计划，从而为社会输出优质的人才。教学内容十分庞大、复杂，在确定教学内容时，高校最好可以对不同的知识点进行恰当的分组，学生通过学习不同的知识点能实现对知识结构的系统性构建。

在开展具体的教学活动之前，任课教师应该先确定教学目标。这里的教学目标不仅指的是一些具体的知识学习目标，还应该包括情感目标、态度目标等。要清楚的是，翻转课堂教学模式在教学中的应用是对传统课堂教学的一种颠覆，其所带来的变化是巨大的，是体现在许多方面上的，如果只是将教学目标着眼在知识的学习层面，显然有一些狭隘，应该通过不同方面的教学目标的确立反映出翻转课堂教学模式在课堂教学中的优势。

（二）创设信息化教学氛围

在运用翻转课堂教学模式的过程中，教师应注意创设良好的教学环境，而良好教学环境的创设离不开信息设备的支持。因此，高校应该充分认识到信息设备在创设优良教学环境中的重要性，投入大量资金，完成信息设备的维护与升级，从而使教师的教学工作可以顺利开展。翻转课堂教学模式的实施离不开信息技术与信息设备，高校要主动引进更加先进的服务器，不断升级校园网络，从而最大限度上保障翻转课堂教学模式在教学中的实施。

（三）设计与制作微视频

所有教师都应该清楚微视频在翻转课堂教学中的重要性，因此，要自觉提升自己的微视频制作能力，并基于教学内容制作微视频。具体来说，教师要围绕教学目标，在教材中挖掘教学基本内容，并将这些内容置于微视频中，从而使微视频成为承载基本教学内容的载体。教师要明确每一个微视频的主

题，这能让学生在学习微视频的过程中完成对某一知识的扎实掌握。传统教学模式下，教师直接就在课堂上讲解知识，以至于学生很多情况下对于教师的讲解充满疑惑，进而其学习质量就无法获得保证。但将翻转课堂模式引入课堂教学中后，教师可以提前让学生学习微视频中的知识，这样，学生就能提前完成对知识的预习，当其在课堂上接受教师的讲解时，其也能比较轻松地理解一些重难点知识。一旦学生发现自己对于重难点知识都能比较好地理解之后，那么，其就能发现学习的乐趣，进而更加努力地开展自主学习活动。

需要指出的是，教师在制作微视频时一定要控制微视频的长度，最好控制在 3～5 分钟之内。之所以对微视频的长度有要求，是因为学生很难始终保持较为集中的注意力。可见，微视频追求的是学生学习的效率，使学生能在较短的时间内掌握某一个知识点。有些教师会片面地认为较长的微视频能承载更多的知识，因而一味地增加视频的时长，但是，教师并没有认识到这样一点，那就是学生观看较长的视频会疲倦，而当学生出现学习的疲倦状态时，其学习效率与质量就会明显下降。

（四）培养教师与学生的信息素养

第一，要使教师对信息技术及其运用予以重视。高校应该让教师明白信息技术在当前教育改革中的重要性，并使其清楚信息技术在高校教育中的运用目标。高校应积极鼓励教师参与信息化教学改革，在参与的过程中，教师就能转变传统教学观念，加强对信息技术的认识，从而重视信息技术。

第二，激发教师在教学中运用信息技术的积极性。翻转课堂教学模式是一种基于信息技术形成与发展起来的教学模式，教师在课堂上积极使用翻转课堂教学模式其实就是积极应用信息技术的表现。如果教师能认识到翻转课堂可以减少教学时间、提升教学质量，那么，他们就能对翻转课堂产生十分浓厚的兴趣，进而主动地在教学中运用这一教学模式。实施翻转课堂教学模式之前教师需要制作微课视频，不过，需要指出的是，制作微课视频并不容易，教师需要掌握一定的信息技术，也需要具备不畏艰难的素质，即使在制作微视频的过程中会遇到问题，教师也应该努力克服。为了使得教师能主动地制作微视频，运用微视频实施翻转课堂教学模式，高校可以采取一切可以激励教师的手段，比如，可以将微视频的制作纳入考核体系。

第三，能对教师与学生的信息素养进行合理的引导。相关教育部门应积极参与对教师与学生的信息素养进行合理引导的工作中，同时把握时代发展的规律，对教学内容进行必要的优化，定期组织高校教师参与翻转课堂教学模式的培训，从而使其能掌握关于翻转课堂的知识，并形成对翻转课堂的深入理解，进而较为科学地将翻转课堂教学模式运用在教学中。教师要高效、科学地运用翻转课堂教学模式需要其具有较高的信息素养，也就是要具有扎实的信息技术知识、微视频制作能力等，否则，所谓的翻转课堂教学将只是一种空洞的说辞。高校应该对学生的信息素养进行引导，因为在翻转课堂模式下，学生的自主学习能力提升，其需要借助一定的信息技术完成学习资料的收集与运用，而达成这一目标就需要学生具有一定的信息素养。基于此，高校必须要对教师与学生的信息素养进行合理的引导，使其能分别在提升自我信息素养的基础上，开展教学活动与学习活动。

第二节　智慧课堂教学模式

一、智慧课堂解读

（一）智慧课堂的内涵

智慧课堂的提出和发展实际上是学校教育信息化聚焦于教学、课堂、师生活动的必然趋势。关于"智慧课堂"的含义，从不同的视角来看有不同的理解。

"智慧"通常包含理学意义上的"聪敏、有见解、有谋略"和技术上的"智能化"两个不同层面上的含义。因此，对智慧课堂的概念有两种视角的理解。一种是从教育视角提出的，课堂教学不是简单的知识传授或学习的过程，而是师生情感与智慧综合生成的过程，智慧课堂的根本任务是"开发学生的智慧"，这里"智慧课堂"的概念是相对于"知识课堂"而言的。另一种是从信息化视角提出的，指利用先进的信息技术手段实现课堂教学的信息化、智能化，构建富有智慧的教学环境，这里"智慧课堂"的概念是相对于"传统课堂"而言的。

事实上，上述两种视角的认识是紧密关联的，利用信息技术创设富有智慧的课堂教学环境，其根本目的也是促进"知识课堂"向"智慧课堂"转变，实现学生的智慧发展。

（二）智慧课堂的特点

1. 强调课堂教学的智慧生成与精准突破

高校智慧课堂在教学中合理应用新兴技术，教师通过直观的数据分析对学生学习过程的反馈数据进行学情判断，并根据学情分析结果，有针对性地设计课堂教学模式，及时调整课堂教学节奏，充分尊重学生，让学生深度参与整个教学过程，以实现课堂教学的智慧生成与知识点的精准突破[1]。

2. 强调课堂教学的智慧化与数字化

目前，智慧课堂已经成为高校课堂教学研究的重要方面。尤其是在大数据、云计算等信息技术的支持下，许多高校都在努力构建智慧课堂。各种信息技术与高校课堂教学的融合使课堂教学开始走向智慧化与数字化的道路，也极大地提升了课堂教学的质量与效率。从高校智慧课堂的构建层面上来看，各种信息技术具有双重属性，其不仅是教学资源，同时也是一种教学手段，在信息技术的支持下，高校智慧课堂的构建是一种必然。

3. 强调教学关系为师生合作、生生合作的新型关系

对传统课堂教学进行分析，可以发现，不少学生在传统课堂上是保持沉默的，他们只能接受教师的被动知识传授。在数字时代，学生的发言欲比较强烈，但是他们在传统课堂上很难发言，他们比较喜欢在微信、微博等社交平台上发表自己的看法。因此，高校构建智慧课堂应该着眼于为学生创设更加多样的互动环境，使学生可以以一种自己喜欢的平台、方式表达自己的想法。同时，教师也可以在平台上对学生进行分组，从而使其能通过分组讨论完成对知识的认识与理解[2]。不过，在学生讨论的过程中，教师不能是一个旁

---

① 黄荣怀，陈丽，田阳，等. 互联网教育智能技术的发展方向与研发路径 [J]. 电化教育研究，2020，41（1）.

② 刘军. 智慧课堂："互联网+"时代未来学校课堂发展新路向 [J]. 中国电化教育，2017（7）.

观者，其也应该参与进来，尤其是学生在讨论过程中遇到问题时，教师应该主动引导学生解决问题，而不是直接给予学生答案。在频繁的教师与学生的互动中，一种新型的师生关系、生生关系就被建立起来了。

4. 强调学生的个性化发展与公平愿景

不同的学生因为生长环境、性格等的不同，因而表现出了不同的学习习惯与能力。但在传统课堂教学中，教师并未认真考虑、对待过这一问题，以至于其在教学中使用的教学方法并不具有针对性。智慧课堂十分重视学生个性的培养，因此，它可以为学生的个性化发展保驾护航。在构建高校智慧课堂的过程中，首先，教师可以借助云平台向学生传递学习资源，而学生则可以利用这些学习资源进行自主学习；其次，教师还要充分运用大数据技术分析学生的学习情况，进而对根据不同学生的学习实际布置作业。这样的操作能有助于学生的个性化发展，同时也能实现教育公平。

二、高校教育中智慧课堂教学模式构建的作用

（一）推动课堂教学理念更新

当前，不少教师比较"懒惰"，他们习惯了传统教学理念对教学的指导，在传统课堂教学中，教师居于主导地位，他们掌握着课堂教学的走向，这不利于学生的主动学习。因此，教师应该转变这一旧有教育观念，应该逐步凸显学生的主体地位。传统课堂教学的地点是固定的，主要指的就是教室，而教室环境相对来说比较单调，无法激发学生的学习热情。智慧课堂是对传统教学理念的突破与变革，是人们在总结传统课堂教学不足的基础上、充分利用信息技术形成的一种新的教学理念。智慧课堂真正打破了传统教学理念框架，使教师将学习的主动权归还给了学生，在这一过程中，教师的角色发生了明显的变化，其不再固执地去完全掌控学生的学习，而是成为学生学习活动指导者，辅助学生开展自主学习活动。同时，学生在智慧课堂中的角色也发生了变化，他们改变了自己被动接受智慧的状态，开始主动地自行收集学习资料。智慧教育在重视凸显学生主体地位的同时，也十分重视学生多元能力的发展，不仅强调学生学习能力、沟通能力的发展，而且还强调学生创新

能力的发展。社会处于不断的变化中，学生要适应社会的变化就需要使自己成长为综合型人才，能用自己多方面的知识去应对社会的变化。智慧教育尊重学生，重视学生多元发展空间的拓展，因而与社会对人才的要求相一致。

（二）推动教学环境升级

在传统教学中，教师进行教学语言表达方式表现为板书、教学模型与肢体语言。可见，这样的教学语言表达方式比较枯燥，无法真正将学生的学习积极性调动起来，同时也会影响学生学习的质量。智慧课堂是信息技术与课程教学融合下的一种产物，利用智慧课堂教学模式，教师可以使许多原本非常抽象的问题变得简单、具体，这不仅能提升教师教学的效率，也能使让学生更好地理解知识。可见，智慧课堂环境保障了教师的教学与学生的学习质量。

在教学的不同环节，智慧课堂所能提供的教学服务也是不同的。在课前环节，教师可以对学生进行学情分析，进而能全方位掌握学生的学习进度；在课中环节，教师需要引导学生提出自己在学习过程中遇到的问题，同时鼓励学生可以就某一问题进行热烈的讨论；最后，教师根据学生反馈的学习结果可制定更加合理的教学方案。可见，智慧课堂所提供给师生的是一种十分自由、和谐的环境，在这样的环境中，教师能开展高效的教学活动，学生也能开展高效的学习活动。

（三）整合与共享学习资源

智慧课堂学习平台的功能丰富且强大，其能将单一的储存与记录功能拓展为共享、应用等多样化的功能，从而实现学习资源的多方面应用。教师可以将自己在平常制作的电子课件、收集的教学资料等资源等上传到学习资源平台，学生就可以登录平台，基于自己的喜好与学习实际去搜寻资料。现阶段，慕课、云课堂、微课等学习资源平台已经深入教学领域，能让学生获得更加丰富的学习资源，利用这些学习资源，他们就能完成自主学习活动，这在一定程度上也减轻了教师的教学压力。此外，智慧课堂学习平台汇集了许多优质的学习资源，那些教育水平相对不高的学校就能充分利用这些资源实现自身教育水平的提高。可见，这一平台还能极大地缩小教育地区差距，实现教育公平。

（四）改变教学评估方式

教学评估是对教学工作质量所做的测量、分析和评定，它包括对学生学业成绩的评估、对教师教学质量的评估和对课程的评估[①]。在传统课堂教学中，教师对学生的评价标准相对比较单一，主要依据学生的课后作业与考试成绩进行评价，同时，教师对学生进行评价时使用的评价方式也比较单一。但必须要指出的是，课后作业与考试成绩只能帮助教师了解学生掌握知识的程度，并不能对学生的学习情况进行全面的分析，因而可以说，这样的一种评估方式并不科学。

在智慧课堂教学中，教师对学生进行评价并不仅看学生的课后作业与考试成绩，其考虑的方面更多，评价的是学生的综合成绩。教师开展智慧课堂教学的过程是一个充满智能色彩的教学过程，借助多样的信息技术手段，教师可以对学生的学习行为数据进行收集与分析。教师依据分析的结果可以对学生不同阶段的学习情况进行合理判断，从而使其可以从整体上把握学生的学习实际，掌控教学节奏，不断促进教学质量的提高。另外，教师在智慧课堂上还能完成对学生学习行为的完整记录，根据记录的结果，教师能对学生以后的学习路径进行预测，从而有效纠正其不正确的学习路径。

三、高校教育中智慧课堂教学模式构建的策略

（一）加强校园智慧网的升级改造工作

校园智慧网当前已经实现了对校园的全覆盖，但高校的条件有限，有些高校的条件并不好，以至于他们的网络并未实现升级，网速慢成为阻碍其教学质量提升的一大因素。基于此，高校应该加强智慧网的升级，从而使智慧课堂教学模式能顺利实施。当然，所谓的智慧网升级并不仅局限于提升网速，还表现在扩充容量。经过对这两方面的完善，智慧课堂教学模式就能比较好地在课堂中落地，同时也能使课堂教学的质量有所提高。

---

① 陈书肖. 教育评价方法技术 ［M］. 北京：北京师范大学出版社，2004：30-37.

（二）增强智慧课堂教学云平台的链接功能

类似智慧课堂的这种线上教学当然很重要，但传统课堂教学在信息时代也能发挥重要作用。因此，在实际的教学中，教师应重视线上、线下教学的融合，不过，需要指出的是，现阶段，智慧教学云平台并未实现线上教学与线下教学的融合。这一问题可以从以下三个方面体现出来：第一，相关 App 的功能有限，学生完成学习之后无法通过测试题进行智慧的巩固，也无法与其他同学进行互动；第二，智能手机上的学习与电脑学习存在差异，二者无法实现有效链接；第三，不能实现在线投屏，师生之间的互动性也不强。针对这些问题，应该着重拓展智慧课堂教学云平台的链接功能。

（三）提供相应技术培训与服务

教师在高校智慧教学模式实施的过程中有着非常重要的影响，不仅他们的责任意识会影响高校智慧教学模式的实施，而且他们的专业知识、教学能力等也会影响高校智慧教学模式的实施。因此，要真正地使高校智慧教学模式获得比较好的实施效果，就要为教师提供技术培训与服务，不断提升其综合素质。需要指出的是，高校在对教师进行技术培训时要具有一定的针对性与目的性，要根据不同教师掌握的具体知识情况、教学能力的强弱等对其进行合理的培训，这就能在很大程度上提升教师的综合素质。另外，高校应该在培训中增加关于智慧课堂知识的内容，从而使教师在学习智慧课堂知识的同时加深对它的认识与理解，进而自觉地将这一教学模式应用在教学活动中。

第三节　对分课堂教学模式

一、对分课堂解读

（一）对分课堂的内涵

对分课堂在本质上把课堂教学时间分成两半，一半留给教师讲授知识，另一半留给学生自行讨论，具体的教学过程可清晰划分为讲授、内化吸收以及讨论三个环节，该模式能更为普遍地激发学生的学习积极性，使学生上课更专注，思维保持长时间高度活跃，从而促使他们主动钻研学习，提升学习能力[①]。

（二）对分课堂各环节的特点

1. 讲授环节的特点

教师导入课程后在讲授环节一般采取精讲方式，主要针对教材内容的理论框架、知识点间的逻辑脉络和教学重难点等进行梳理性讲解，将具体案例、细节问题等留给学生在其他环节进行讨论和思考，并就现实案例为学生提供详细的参考书目等相关资料，为学生下一步的深度学习打好基础。

与此同时，学生的思维也经历着对信息的接收、接纳、分析、理解、记忆等过程，在此过程中，教师运用有效的授课方法，能引起学生持续的专注力[②]。

2. 内化吸收环节的特点

内化吸收是学生课下自主学习和吸收的阶段，让学生将教师所讲的教材内容真正内化为自己的理解，强调学生的自我理解和有意识的探究能力，鼓励积极的个性思维创新。在此过程中，教师会给学生布置内化吸收的任务并进行宏观把控，以确保学生的自主学习围绕教学目标展开。内化吸收的任务大致可分为"巩固""解疑""释惑"三方面。"巩固"要求学生列出已经完全掌握的内容。"解疑"则要求学生将自己理解但其他学生不一定理解的内容，以问题形式在课堂中提出，让其他学生回答并解释。"释惑"则要求学生把自己不懂、不理解的内容写出来，到课堂上请教其他学生。内化的过程中，学生在回忆教师所讲内容的同时，联系身边的感性经验，在梳理大量信息的基础上归纳和推理，将零碎知识系统化，进而加深对知识的理解并充分内化吸收，形成自己的体会心得，在将知识运用到实践中时，实现活学活用。

3. 讨论环节的特点

学生在内化吸收环节自主学习和掌握知识内容，其心得体会必然带有他

---

① 张学新. 对分课堂：大学课堂教学改革的新探索 [J]. 复旦教育论坛，2014（5）.

② 李建铁. 基于"对分课堂"创新思想政治理论课的教学研究 [J]. 教育观察，2015（8）.

们自身的个性。到了讨论环节，教师则会以"巩固""解疑""释惑"为线索指导学生分成小组进行组内、组间和全班的讨论，交流学习心得，帮助学生进行知识的查漏补缺和思维的重构升级，深化对知识的理解，提高教与学的质量。有关"巩固"的互动中，每位学生都能在小组内将自己对知识的解读与不同的解读进行比较，不断反省自身思维方式，借鉴他人的思维方式，这不仅促使自己的思维方式更科学，而且有利于自身重新审视知识点，使知识掌握得更扎实，最终形成了从组内到组间再到全班的整体巩固。"解疑""释惑"的互动中，学生通过互相间的答疑解惑扫除了思维交流的障碍，从感性思维层面的表象、知觉等感性认识，上升到理性思维层面的判断、推理等理性认识，实现了深度学习的目的。

二、高校教育中对分课堂教学模式构建的意义

（一）有利于激发大学生的主体性

传统教学模式下，教师的权威不容挑战，学生只能被动地接受教师对他们的知识灌输，这使学生的学习长期处于被动状态中，因而无法激发其学习积极性，更是不利于其综合素质的培养。对分课堂与传统课堂并不一样，它对课堂教学进行了划分，将其分为讲授、内化吸收和讨论三个环节，并强调教师在不同的教学环节中应该使用不同的教学方法。教师也会使用语言讲解法将一些基础知识传授给学生，但同时教师也会依据教学内容给学生布置学习任务，让其在自主探究中完成对问题的思考与解决。在这一过程中，学生会比较积极地思考问题，进而其主观能动性能得到最大程度上的发挥。更为重要的是，因为是学生自行收集学习资料，因而其能对各种知识形成深刻的理解。在讨论环节，教师也应该与学生加强互动，同时鼓励学生加强合作[①]。

（二）有利于提升大学生的自主学习能力

在对分课堂中，教师并不会占据所有的课堂时间，他们会拿出一部分时间讲授知识，也会给学生留出思考的时间。教师给学生提出一定的问题，让

---

① 刘锡冬. 基于 MOOC 的高职开放式课堂的构建 [J]. 中国成人教育，2015（19）.

学生围绕问题进行思考，而学生要完成思考就必须自行搜索各种学习资料。在学生收集学习资料的过程中，他们会完成对问题的多角度思考，也能掌握更多的知识点，因而有利于其自主学习能力的提升。

（三）有利于促进师生之间的交流互动

在传统课堂教学中，教师几乎没有主动与学生进行互动，以至于传统师生关系并不好。对分课堂中有一个讨论环节，通过讨论，不仅教师与学生之间的互动得以增强，而且学生与学生之间的互动也得以增强。教师对学生完成知识的讲授、学生完成知识的内化吸收之后，其就可以在讨论环节就某一问题展开互动交流。讨论不仅有利于问题的解决，而且还能使教师与学生都敞开心扉，很明显，这十分有利于良好师生关系的建构，而良好的师生关系又能促进教师教学质量与学生学习质量的提高[①]。

三、高校教育中对分课堂教学模式构建的策略

（一）注重时间分配设置的合理性

对分课堂简单地讲就是教师将课堂的时间分成两半，一半用于知识的讲授，另一半则让学生用于讨论问题。对分课堂一般表现为两种形式：一种为当堂对分形式，另一种为隔堂对分形式；前者主要被教师用来展示一些基础内容，后者则被教师用来展示一些重难点。具体来说，教师会在课前给学生提供一些学习资料，学生可以利用自己的时间进行自主学习。学生的自主学习并不局限于自己的学习，其可以与其他人一起讨论，共同完成自主学习，而且，共同讨论有利于问题的高效解决。在讨论的过程中，如果学生遇到了无法解决的问题，那么，其就可以将问题反馈在班级群中，班级群里的教师与同学就会帮助他们解决。在课堂上，教师的主要任务就是给学生讲解一些重难点，毕竟学生已经提前掌握了基础知识，这就有效地提升了课堂教学效率，也能使学生更加高效地开展学习活动。课后，教师要给学生布置一些学

① 程夏艳. 英语教学中对分课堂的研究 [J]. 教学与管理，2019（12）.

习任务，从而使其在完成学习任务的过程中完成知识的巩固。

（二）注重合理分组

在讨论环节，教师可以对学生进行分组，通过分组讨论，学生之间可以加强交流，同时也有利于问题的解决。

第一，每个同学都在不同方面存在差异，因此，教师要充分考虑学生的学习能力、学习成绩，然后对其分组，从而使具有不同学习优势的学生可以分成一组，这样，同组内的同学就能相互取长补短，实现学习水平的提高。教师需要合理控制小组人数，因为如果小组人数众多，那么，可能有些学生无法完成自己的组内发言。笔者认为，小组人数最好可以控制在 2～5 人。

第二，每个小组整体的人、学习成绩等应该是差不多的，这样才能保证各组之间是能进行公平竞争的。为了确保每组的水平大约一致，教师要时刻对每个小组成员的具体表现有清楚的了解，并在此基础上适当调整各组成员。

第三，教师还可以组织学生在网络教育平台上交流。借助网络教育平台，学生即使遇到问题也能在上面及时地询问其他同学，其他同学也会非常迅速地将答案提供给他们。可见，对分课堂极大地延伸了传统课堂的教学空间，让学生可以借助网络教育平台实现实时交流①。

（三）注重转变学生的角色定位

中国目前非常重视学生专业技能知识的学习，基于这一目标，梳理了教育的改革思路。不过，笔者需要指出的是，通过改革手段突破教育困局，改变学生的观念，增强学生的能力，这并不容易。高校应该从以下几个方面努力。

第一，要打破学生传统的学习思维模式。过去，学生已经十分习惯接受来自教师的被动学习，这使其学习思维长期以来呈现惰性特征，他们总是喜欢教师的投喂，并不喜欢进行独立的思考。高校应该引导学生改变这种思维，使其能遇到问题先进行思考。

第二，要让学生对学习充满信心，不断激发其学习动机。借助对分课堂，

---

① 赵金子. 对分课堂在研究生思政课教学中的创新应用 [J]. 思想政治教育研究，2020（4）.

教师可以形成比较系统的知识框架，而学生依据系统的知识框架就能完成对知识的认识与理解，从而实现知识的进一步深化。课后，教师也要及时地给学生布置学习任务，使其能不断地对课堂所学进行深化①。

第三，要加强学生间的合作学习。在这样一个强调协作的时代，学生自己学习已经无法适应时代与教育发展的要求。因此，高校应该引导学生加强与其他同学的合作，在合作中，学生可以学习更多的知识，同时还能提升自己的思考能力，培养自己的协作精神。

（四）注重反馈机制设置的及时性

在学生自主学习的每个环节中，对分课堂都可以参与其中，这使学生在任何一个环节出现问题，教师都可以帮助他们解决。教师可以在课堂上向学生提出问题，获得学生的学习反馈，同时，其也可以利用线上教学平台引导学生与其他同学、教师加强互动。而且，线上平台能让学生处于任何一个角落都能将自己的问题反馈给教师，可见，这样的反馈是不受时空限制的，是一种高效的反馈。

（五）注重教学内容选择的灵活性

教学内容众多，这给教师的教学带来了一定的困难。可以从以下几个方面突破现在的困境。第一，教师要合理选择教学内容，没有必要将教材上的所有内容都呈现给学生，而是应该先让学生自主对教材进行挖掘，然后，教师可以对学生的教材学习结果进行合理的分析；第二，教师要总结教学经验，分析各种教材的利弊，完成对分教材的开发。这样的一种教材符合对分课堂的教学要求，同时也能提升教学的质量。目前，教学改革对教师提出了一定的要求，要求教师要成为研究者，能在教学实践活动中研究学生对教学的看法，并根据学生的反馈分析对分课堂在教学中应用的必要性与可行性。

（六）注重加强师资培训

第一，教师要使自身的教学观与对分课堂的理念相一致。因此，高校应

---

① 张学新. 对分课堂：大学课堂教学改革的新探索 [J]. 复旦教育论坛，2014（5）.

该引导教师树立正确的教学理念，同时重视学生的主体地位，使其能在教学中时刻重视学生对知识的吸收情况，也就是要全面关注学生的学习能力。教师要做就是引导学生正确地开展学习活动，而不是将重点放在自己的教学方法上。高校应组织教师参加有关对分课堂的培训，使其能充分认识到对分课堂在教学中的重要作用，进而在理解对分课堂深刻内涵的基础上实现其在教学活动中的全面应用。

第二，对分课堂强调学生的自主学习，而学生的自主学习对教师的教学管理是一个考验。因此，教师还应该组织学生参与课堂教学管理方面的培训。对分课堂教学质量是由多种要素相互作用的结果，而教师有效的教学管理就是其中比较重要的一个要素。教师不仅要给学生传授知识，而且还要积极引导学生总结正确的、适合自己的学习方法，同时，教师还要时刻关注学生的学习心理，毕竟学习并不是一件易事，尤其是在遇到难题时，学生的情绪甚至会崩溃。这时教师就需要给予学生恰当的安慰，使其能保持积极的学习情绪。

第三，教师要提升自己教学方面的能力，主要提升的是教学管理能力、维护师生关系的能力。对分课堂教学任务的完成基础就是师生要维持良好的关系。因此，教师必须要通过自己较强的教学能力获得学生的认可，要依据自己较强的表达能力收获学生的喜爱，进而使其可以与学生形成和谐的关系，并最终促进教学活动的顺利开展[①]。

第四节　混合式教学模式

一、混合式教学解读

（一）混合式教学的内涵

混合式教学并不是一种简单的网络教学形式，它是线上教学与线下教学

---

① 赵作斌，牛换霞. 开发·内化·创新——高校课堂教学模式新探 [J]. 中国高等教育，2019（7）.

深度融合的产物，能使教学资源变得丰富，使教学效果变得更好。在使用混合式教学模式的过程中，教师应该能对传统课堂教学进行合理的分析与总结，同时挖掘线上教学的优势，最大限度上提升教学的效率。

一般来说，混合式教学主要可以从以下几个方面具体展开：第一，教师需要在互联网平台上收集网络教学资源，并结合教材内容完成知识的讲解；第二，将合适的线上教学资源引入线下课堂教学中，实现对线下课堂教学的补充；第三，教师不仅要对学生在线下课堂中的表现进行评价，而且还要对学生在线上课堂中的表现进行评价。也就是教师必须要保证评价的全面性。混合式教学已经突破了时空的限制，教师可以时刻使用这一教学模式开展教学活动，学生也能实现随时随地地学习。

（二）混合式教学的作用

1. 实现移动式教学

首先，混合式教学有效结合了离线教学以及在线教学，打造出一种可以移动的教学，对传统教学的场所以及时间的限制进行了弥补，对教学活动的空间以及时间进行拓展。结合实践中的案例，如果高校教师必须离校，传统教学模式中教师不能在课堂上课，则需要耽误学生上课，或者是选择调课，而新型的混合式教学则是可以通过新型的软件。如腾讯课堂、有道课堂、网易课堂等工具来开展网络在线课堂。所以在混合式教学模式下，移动式教学可以实现随时可上课、随地可上课，不需要中断正常教学安排。其次，如果学生因故临时缺席课堂，同理也可以通过参加在线辅助教学，能够进行即时性补课，可以得到有效的学习支持。这是传统教学所不能实现的，也是该模式最大的亮点，即突破时间和空间的双重限制。

2. 实现多元互动

在混合式教学下，学生通过在线平台可以实时发表自身的看法以及观点。通过在线平台，教师也可以及时回应学生的想法、建议、疑问，并能根据学生的想法进行课堂模式创新，能够在及时回复的同时培养自身的开发性思维。

此外，在任何规定时段，学生可以在线上参与讨论，对课堂讨论过程中存在的不足进行及时地弥补，进一步延伸课堂讨论，进行深入的研究性交流以及学习，师生之间进行更好更高质量的互动，从而提高教学效率和教学深度。实践中传统高校课堂学生鲜有课后交流的机会，与教授导师的接触也很少。而通过网络平台，混合式教学可以实现课后学生们的相互交流、提升，也给教师教学提供新思路。

3. 实现自主学习

在混合式教学模式下，教师能够设置一些自主学习学时，收集并发布一些有效的学习材料、学习作业，引导学生进行自我反思以及师生双向交流。通过网络平台，学生能够在线提交作业。通过在线测试系统平台，教师可以发布测试题，组织学生进行自我检测，这不仅可以节约教师课堂上的时间，使得课堂知识浓度更高，还可以为学生提供课下自我检测的机会[1]。依据每一个阶段的学习主题内容，学生可以主动利用图书馆以及网络学习资源，对学习视野进行拓展。

除此之外，在线自主学习可能对未来学制提供积极影响，学生可以拥有更多的自主学习的空间以及时间，也能锻炼自觉、自主意识[2]。教师通过充分融合在线平台教学以及校园教学，可以帮助学生提升自主学习能力以及意识。

4. 建立新型师生关系

在混合式教学模式下，教师可以打造新型师生关系，教学将不再是一味地以老师为课堂的中心，而是能够深刻贯彻夸美纽斯先生的"以学生为中心"的教育理论。师生不仅能够进行生动地面对面互动，还能够进行高效的网络互动，进行实时交流，同时教师还能依靠大数据分析设计相应的教学方案以及相关流程，真正了解学生的需求，做到真正的"因材施教"。

同时尽可能地激发学生的学习热情和积极性，提高教学活动中学生的参与度，让学生可以在学习中充分开发头脑来进行思考，进行"头脑风暴"，从而有更多的收获。当然除此之外，学生还可以于网络在线平台追问自己没有充分理解的问题，或者向同学询问、请教。

---

① 马汉达. 混合式学习在高校日常教学中的应用研究［J］. 实验技术与管理，2013，30（8）.
② 刘艳艳. 混合式教学模式在高职教育中的应用研究［J］. 山东纺织经济，2015（10）.

二、高校教育中混合式教学存在的问题

（一）教师混合式教学能力不足

混合式教学就是将线上教学和线下教学通过重新设计的方式有机组合起来，提倡教师的主导地位和学生的主体地位，提高学生学习积极性和主动性，通过多种教学形式的混合，培养学生多方面的能力。在实际操作中，部分高校教师对混合式教学的内涵理解不够深入，将混合式教学简单理解为学生线上学习和教师线下讲课的结合，对具体的线上、线下教学如何融合、如何教学设计缺乏深入思考，如果线上教学仅是作为线下教学的补充辅助手段，这并没有在本质上挣脱传统教学的束缚，也和混合式教学改革的初衷背道而驰。

（二）混合式教学环境和资源有待改善

一方面，部分高校受到办学经费和办学条件的限制，教学设施建设不足，智慧教室建设不够，网络及多媒体硬件设施设备配置较低，且覆盖面不全，教学软件不能及时更新，教学场地不能完全满足混合式教学的实际需求，在客观上制约了高校混合式教学的实施效果。

另一方面，信息化教育技术的迅速发展为混合式教学提供了丰富多样的线上教学资源。为了顺应这个趋势，很多教师也尝试将自己录制的教学视频发布到网络教学平台上，让学生随时随地学习，从而提高学习效能，这就在某种程度上导致平台资源缺乏整体性、系统性和连贯性，制作质量也参差不齐，资源虽多，但真正能经得住实践和实践检验的课程还是有限，并没有实现慕课资源的规模效应，无法发挥混合式教学的线上教学资源优势。

（三）线上学习缺乏监管

学生线上学习是混合式教学的重要环节，线上学习结果也构成了学生总评成绩的一部分。学习观看视频只是线上教学的一个环节，平台对视频观看可以起到检测作用，但成绩的真实性问题无法考证；受线上学习环境的限制，

授课教师与学生的交互不够，部分学生的自我控制能力不够，不能认真完成教师线上布置的作业任务；教师一般会通过在线测试或者课堂提问环节来检验学生线上学习效果，但在线测试的成绩的真实性问题也是存疑的，这就导致线上课堂检查滞后，线上学习情况难以实现混合式教学的既定目标。

（四）教学评价方式单一

教学评价是改善教学过程中问题的基本依据，科学合理的教学评价可以真实反映教学过程和结果信息，从而指导教学活动的开展。混合式教学的教学形式多样化，导致教学评价的难度系数较高，这也是研究者们研究的热点。目前，部分高校尤其是省属高校的混合式高校教学评价主要以试卷测试为主，教学评价手段较为单一，教学评价模式固定，还未形成学生自评和学生互评等多种教学评价手段相结合的局面。单一、固化的教学评价模式不能全面、真实地反映学生的自主学习情况，无法评价学生的综合应用能力，不能及时有效反馈课程教学的真实效果[①]。

三、高校教育中混合式教学模式构建的策略

（一）科学开展教师培训

首先，教师需要从传统的教育理念中摆脱出来，总结教学经验与教训，创新教育理念，要改正过去一味灌输的习惯，而是应该主动地凸显学生的主体地位。现代教育理念一再强调学生主体作用发挥的重要性，因此，在混合式教学中，教师一定要削弱自己对学生学习的影响，尽量将学习"归还"给学生，使其能在不断的自主探究中提升自主学习能力。基于此，对于教师来说，其要做的就是提升自己的自学能力，不断地吸收国内外先进的教育理念，同时注意分析学生的学习实际，并结合学生的学习实际更新教育观念。

其次，教师要具有与时俱进的意识，自觉地学习更多的知识与技能，从而使自己处于不断的提升状态中。为了契合教师的这种自我发展需要，高校

① 王晓娟，韦韫韬，张立铭，等. 地方高校混合式教学模式现状分析及对策研究 [J]. 计算机时代，2021（9）.

应该多为教师提供发展的机会，比如多给他们创造深造的机会，也可以邀请一些优秀的教育专家到学校开办讲座，从而使教师在与教育专家的沟通与交流中不断丰富其教育理念。

（二）加快在线教学资源建设

在线教学是混合式教学的重要一环，在线教学的实质就是利用现代信息技术，依托网络教学平台，建设在线课程，将分散的课程资源整合到一个平台上，实现了信息的多渠道输出，完成资源共享。混合式教学的线上教学内容需要借助在线教学平台传递，在线教学活动也需要借助在线教学平台展开，在线教学平台的技术支持是混合式教学重要的学习环境，对混合式教学的效果有着重要影响，因此，进行在线教学平台建设，丰富线上教学资源，是混合式教学的一项重要内容。在线教学平台除了自建以外，还可以和现有的大型慕课平台合作，如中国大学慕课、学堂在线、好大学在线、优课联盟等。除此之外，开发学校优质慕课资源是另一项重点工作，加大慕课资源建设力度，优先将课程基础好、建设历史久、团队成员优的课程建成优质资源，合理布局各学科、各专业慕课规划，优化慕课资源的学科结构，鼓励教师建设符合本校特色、特点的慕课资源，扩大自建慕课资源的使用范围，提高学校优势课程的影响力。

（三）加强过程管理

教学质量管理部门应加强教师混合式教学情况监控，安排落实线上线下听课，及时发现混合式教学过程中存在的问题，并进行指导，将混合式教学情况以报告形式反馈教学学院和授课教师，帮助教师调整优化教学理念和教学设计。除此之外，教学管理部门要加强对在线开放课程平台的动态数据的监控，定期了解学生线上学习情况，掌握学生学习动态，监测学生学习效果。

为提高学生学习兴趣，激发学生自主学习内驱力，混合式教学过程中可增加师生互动环节，教师可以利用线上平台提前发布课程大纲、课程教学内容，根据教学内容设定合适的预习任务，多设计贴近学生生活实际的问题，让学生加入课程前提前思考，加入课程后有话可说，更愿意表达自己的想法，帮助学生更好地掌握知识点。考虑到混合式教学中，教师不再是教学的中心，师生互动、生生互动才是教学的重点，教师还可以在线上平台布置小组讨论任务，课前线上分组提前讨论，课中各组进行交流，设置不定时抢答环节，增加教学趣味性，调动学生学习热情，增加随堂抢答环节，调动学生热情，提高学生参与率，并利用各类平台，包括腾讯会议、钉钉、Zoom 平台等开展课后辅导、答疑。教师可增加过程性评价，建立学生自评和学生互评环节，及时掌握学生学习效果，获悉学生学习中的各种问题，提供适当的指导和帮助。

（四）建立健全混合式教学管理制度

建立健全混合式教学管理制度，从制度上引导教师开展混合式教学，激发教师参加混合式教学改革的积极性，保障混合式教学的运行，监控混合式教学效果和教学质量，主要从以下几个方面入手。

一是线上听课评价制度。线上督导小组按照混合式教学管理制度规定，对开设的混合式教学每门课程开展检查、指导，要求授课过程中要有师生互动环节，规范混合式教学大纲和教学日历的编制，及时向教学管理部门和任课教师反馈混合式教学过程中的问题，鼓励教师以教研室为单位就混合式教学中出现的问题进行讨论。

二是建立混合式教学工作报告制度，由混合式课程基础教研室向学院、学校报告混合式教学开展的情况，定期制作混合式教学工作简报，以每周简报、学期教学质量报告或者调研报告等形式向学校教学管理部门反馈信息，总结混合式教学的经验和问题，不断改进混合式教学管理制度和管理方式，给出混合式教学培训或培育方向。

三是建立混合式教学反馈制度，不仅要听督导的意见反馈，也要听学生的意见反馈，定期收集来自学生或者听课专家的不同意见，通过慕课平台与学生交流，根据学生有疑问的知识点开展教学反思、教学设计，将多方意见整合处理，制定科学的问题解决方案，将这些结果运用到改进提升教学过程中，不断提高混合式教学水平和质量。

四是建立混合式教学档案管理制度，线下教学档案是线下教学检查的重要依据，混合式教学档案也是混合式教学检查的依据。学校可以建立校、院、系三级混合式档案管理制度，按照学校管理文件要求，及时留存混合式教学涉及的教学大纲、教学日历、试卷分析、线上作业、师生互动资料留存、线上学习数据、线上线下学生成绩等，将混合式教学开展的效果、成果及成绩给定依据进行整理归纳，为后续的混合式教学开展积累翔实的数据资料，帮助教师和教学管理者及时发现混合式教学的问题、追溯混合式教学某些客观问题的根源。

五是建立师资队伍培训制度，加强混合式教学教师队伍的管理，定期对混合式教学进行考核，组织教师开展混合式教学技能培训，包括对混合式教学软件的使用、平台使用和混合式教学设计等内容的培训，建立专门的混合式技术支持小组，帮助教师解决线上教学技术问题和教学实践过程中遇到的其他问题。

第七章

高校教育与教学策略创新

伴随着时代的发展，高校教育与教学策略逐渐丰富起来，单一的教学方式已经无法满足当前学生的需求了。基于网络时代，微课、慕课、雨课堂等教学策略广泛应用于教学中，本章将主要针对高校教育与教学策略创新展开研究。

第一节 微课的运用

一、微课的定义

在我国，微课这一概念是由胡铁生率先提出来的，随后迅速在全国各地普及开来。胡铁生认为："微课又名微课程，是微型视频网络课程的简称，它是以微型教学视频为主要载体，针对某个学科知识点（如重点、难点、疑点、考点等）或教学环节（如学习活动、主题、实验、任务等）而设计开发的一种情景化、支持多种学习方式的在线视频课程资源。[①]"这是他第二次修改而成的微课定义，与前两次版本所不同的是，这个版本强调了"网络"和"在线"这两个关键词，凸显了微课在制作和运用时所依存的网络环境和在线平台。焦建利的定义则较为简洁，他认为，微课是以阐释某一知识点为目标，以短小精悍的在线视频为表现形式，以学习或教学应用为目的的在线教学视

---

① 赵国东，韩冰，刘秀彬. 现代教育信息技术项目化教程［M］. 北京：北京理工大学出版社，2021：21.

频[①]。这一定义突出了微课所具备的本质特点，即：短小精悍。其含义分别指：短——教学活动短、视频时长短（10分钟内）；小——资源容量小、教学主题小；精——教学内容精选、教学活动精彩；悍——交互性强、功能强大、应用面广。正因为微课的这一特点，使得它特别适合于当前快速多变的学习和生活节奏，适合于学习者的个性化、碎片化、有针对性的学习。黎家厚认为，"微课程"是指时间在10分钟以内，有明确的教学目标，内容短小，集中说明一个问题的小课程[②]。另外，还有很多学者都对微课的概念进行了界定。苏小兵对这些定义进行一个概括，认为它们有一个共同点，即：目标单一、内容短小、时间很短、结构良好、视频格式[③]。应该说，这个概括还是比较客观合理的。

二、微课教学设计的原则

（一）微型化

这是一个信息爆炸的时代，人们的周围充斥着大量的信息资源，这些大量的信息资源与人们的注意力之间产生了极大的矛盾。现在人们似乎更加热衷较短时间内完成知识的学习与累积。基于此，微博、微信、微课等一些承载微型化资源的平台受到了大家的追捧。微课是一种微型课程，时间非常短，大部分不会超过15分钟。正是因为微课课程短小的特征，人们才能将自己生活中琐碎的时间利用起来，进而使其学习效率实现显著提高。不过，需要指出的是，在保证微课微型化的同时还应该保持每一个课程之间的联系，也就是要保持知识的系统性。

（二）以学习者为中心

微课始终是为学习者服务的，这就要求微课设计者在进行微课设计时必须要考虑学习者的实际诉求。要详细分析学习者喜欢的内容，喜欢的教学方

---

① 焦建利. 微课及其应用与影响 [J]. 中小学信息技术教育，2013（4）.

② 黎加厚. 微课的含义与发展 [J]. 中小学信息技术教育，2013（4）.

③ 苏小兵，管珏琪，钱冬明，祝智庭. 微课概念辨析及其教学应用研究[J]. 中国电化教育，2014（7）.

法，从而利用微课最大限度上激发其学习积极性，培养其学习兴趣。

（三）实效性

微课是为广大的学习者提供帮助的。在教学设计之前，一定要充分理解学习者真正需要的是什么，在他们学习过本微课之后，是否能够帮助他们顺利解决在日常生活中碰到的现实问题。微课内容的选择要来自真实的生活情景或存在的现实问题，让学习者意识到这节微课是与大家的生活息息相关的，以真实情境引发要讨论的问题，不仅能够激发学习者的学习兴趣，还能保持学习者的学习动机。

（四）易懂性

易懂原则是指在微课教学设计时要把抽象的问题形象化、复杂的问题简单化，具体来讲就是教学媒体的选择要恰当，要选择最适合的表现形式。从戴尔的"经验之塔"[①]可以看出，各种教学媒体所体现的学习经验层次是不同的，有的属于具体经验，有的属于替代经验、间接经验，有的则属于抽象经验。因而，不同的教学内容应选择不同的教学媒体来体现，或者说，不同的教学媒体适合表现不同的教学内容。

三、微课在高校教育教学中的重要意义

（一）符合高校教育模式发展的趋势

随着高等教育的进一步发展，高等教育在理念、方式、方法等方面不断发生巨大变革，与此同时，高等学校的教育方式发生了巨大的变化，主要表现为大学课堂教学模式正由传统的"填鸭式"向"引导启发式"转变，并逐渐注重考查培养学生的自主学习能力。在角色方面，教师也由传统的课堂教学"主导者"向引导学生实现知识迁移的"促进者"转变。这一转变使得微课程的开发从根本上实现了大学教育转型的变革。

---

① 潘庆红，陈世灯，吴大非. 现代教育技术［M］. 北京：中国铁道出版社，2018：31.

高校微课程按照国家教育信息化的发展目标和趋势进行不断发展，它利用互联网的强大平台，通过整合数字资源，将教育理念和信息化理念进行深度融合，有效地改变了传统的课堂教学模式，促进学生的学习方式的转变，根据不同学科大纲对知识理解的需求，有效地促进了高等教育的改革①。

（二）转变了传统的学习模式

在传统的教学模式下，学生课下复习的途径主要来源于课上的笔记，无法还原课上的情境，微课程很好地解决了这一问题。学生在自学或者复习知识时，可以选择回看微课视频，通过观看教学视频培养学生自主学习能力及解决问题能力，高效地将知识实现内化。微课的另一优势体现在它打破了传统课堂的时空局限，使得学生可以充分利用课余时间，根据自身实际情况合理规划分配学习时间。

在微课程的教学与使用中，微课程的设计者主要为教师，在微课的教学思路中，教师不再与学生直接发生交集，而是将知识资源整合设计成图片、声音、视频等形式展示给学生，而学生则成为整个学习环节的中心，微课程使得教学模式由"一人—多人"向"一人—机—人"发生了质的改变。

（三）促进了教师专业知识的发展

微课的发展对教师的教学能力、专业知识储备量提出了更高的要求，教师作为微课的设计者，既考验其整合教学信息的能力，拓宽了教学渠道，又可以在线将优秀课程与学生分享。教师通过微课平台可以实现与在校学生或者在外实习学生的一对一互动，在互相进步、互相提升的同时，还能提高自身教学修养，改进教学方法，取得更好的教学成果。

四、微课在高校教育教学中的现状

微课是信息时代涌现出来的一种新的教育形式，其一经推出就受到了广大师生的热烈欢迎。微课可以为学习者提供丰富的学习资源，同时还能使学

---

① 刘艳艳. 高校微课课程的教学评价体系建设研究 [J]. 课程与教学，2017（10）.

生的学习自主性得以提高，他们可以利用微课控制学习的时间，也能控制学习的进度。正是因为如此，许多学习者在学习过程中都十分热衷应用微课。即使微课受到了许多学习者的喜欢，同时也促进了他们学习质量的提高，但在实际的应用中，其存在的问题比较明显，主要表现为以下几点。

（一）微课时间设计过长

大量的心理学研究已经表明，5～8 分钟是学生能保持注意力完成高效学习的时间段。而目前，高校微课教学的时间一般都在 15 分钟以上，主题切入过慢，注意力容易分散，简短精练的特点并没有发挥出来。所以，高校微课教学知识点的浓缩时间需要找到合理的时间区间，才能更好地发挥作用。

（二）传统教学与微课教学结合不紧密

高校微课教学目前只能说是为了传统教学服务的，在强压式的教学改革中，大部分的教师都是为了微课而微课。在这种情况下，微课无非就是在一堂课中，把某些知识点摘出来，用视频的形式进行播放，表面上是用了微课的教学形式，实则仍然是传统教学模式的一个截取，并没有发挥微课的效果。这种穿着微课外衣的传统教学模式称不上是微课教学，这样的设计也极其不科学。

（三）很难形成团队合作氛围

高校微课教学设计不仅仅是依靠教师单独的个人完成的，效果好的微课都是校内外各方教师与人员进行大量沟通合作的结果，是各方人力资源及建议的优势互补。同时，开发设计出来的微课程有很多都是为了教师个人评职称、参加比赛，开发设计的动机本身就偏离了方向，根本不是为了教学服务。所以，如何转变对微课应用的认识，形成团队合力氛围，使微课设计能集各方建议之长才是重中之重。

（四）学生主体地位不强

微课教学就是要打破传统教学的模式，要真正做到以学生为主体，改变教师在课堂中的主体地位。而现实是，教师在课堂教学中的主体地位仍然没有改变，无法满足学生的个性化学习。传统授课的思想在微课中的痕迹普遍存在。例如，在讲授调研技术这一知识点的时候，有统计学基础的学生可以直接进入调查方案设计的知识点学习，没有统计学基础的学生需要在方案设计之前认真对相关微课视频进行观看学习。

五、微课在高校教育教学中应用的主要策略

在高校教学过程中通过微课的应用能够提高高校的教学水平，因此以下对微课的应用策略进行分析。

（一）精选内容、形式多样

微课教学的简短性特点决定了不能像传统满堂 45 分钟的教学，需要在既定的短时间段内完成教学内容。所以，要在教学内容上细分所属的类型，科学应用。例如，实训操作解释说明、课堂授课重点讲解、课后针对问题答疑、课题研究等。在细分教学内容形式多样化的基础上要注意知识学习的连贯性与定位精准性，进而使精选的内容逻辑性与系统性更强。

（二）对高校教师进行专业化培训

在当前我国教育中，终身学习的理念已经被大众所接受，而采用案例教学法，对于高等学校的教师开展微课教学设计的培训，也是非常重要的同职业化培训一样微课教学设计也是需要有专业的培训的。事实上微课制作的核心内容不仅包括选题教学目标的有效确定以及对于学情的分析和教学媒体工具和教学策略的选择，更重要的就是微课进行拍摄和制作的前期准备，这往往关系到开发制作出来的微课是否符合学生的特点，是否能够真正地投其所好，进而激发学生的学习兴趣。所以需要关注高等学校教师微课开发能力的提升，一般情况下采用案例教学法，对于高等学校的教师展开微课教学设计的培训，可以通过理论结合具体的案例讲授的方式，通过案例的观摩，来让教师更加清楚地了解到微课设计的具体步骤以及核心事项和需要关注的问题点，这样有助于教师快速地掌握教学设计的技巧，对于他们有效的开发微课

教程有着重要的意义和价值。

（三）保障微课设计与制作

即便是在信息化时代，在高校教育教学中，微课都没有得到有效的应用，很大程度上是因为教师对于微课制作的技术并没有全面地掌握，而且还存在着一定的误区，认为需要采用摄像机录制微课才能够完成微课的设计，这很大程度上影响了微课在高校的推广，事实上微课的制作方式是灵活多样的。

通常情况下分为以下四种。

第一种是 PPT 教材加录屏软件的操作，通过录屏软件对于展示 PPT 的内容进行录制加上声音与字幕完成微课的制作。这种操作是非常简单的，比较适用于知识类的课程的讲授，是讲授类主题的首选。

第二种方式则是手写板加录屏软件的制作方式，这种方式往往是通过利用手写板和录屏软件来实现微课制作的，它相对而言比较灵活，适用于物理、数学、化学等解题类，需要演示类的主题。

第三种则是移动终端的制作方式比如利用手机与电脑录屏软件进行有效的配合操作简单而且适用于知识类的授课、解题类的授课等。

第四种方式则是通过摄影机制作的方式，利用摄影机记录教师授课的全过程，然后再进行后期的剪辑，最主要的特点是能够体现出教师的风采，而且画面画质都比较好，但是这种方式对于录制的场地有要求，通常需要有专门的直播间。前三种类型是比较常见的，而且是非常简单的工具，教师经常可以见到，而且相对而言操作起来更加简便，所以微课的推进还需要引导高校的教师转变思路，倡导他们通过使用这些简便的软件来实现微课的制作。

（四）为教师提供良好的微课教学环境

微课往往是以视频作为具体的表现形式，因此，学生不仅可以通过面授进行学习，也可以在课前课后以及其他时间来完成自主学习，所以就必须有一个能够为教师提供发布微课管理微课的具体工具，这样学生就可以通过移动终端来直接找到微课并进行学习，一旦遇到问题也可以及时地反馈。所以需要为教师创造或者提供微课教学的应用环境，学校需要搭建一个这样的平台，方便教师推进微课教学。此外，在高校教学过程中，通过微课教学方式的应用能够极端地将微课的内容展示给学生，同时也方便于课文内容的收集以及展现，能够让学生在学习的过程中了解到课程内容的实质性，对于后续学习的开展奠定的基础非常关键。

（五）开展实验教学

实验教学最明显的特点就是实操性比较强，这种实践类的教学往往需要教师在进行授课之前做出合理的讲解和演示。这种知识类的课程内容可以通过移动终端或者是手写板、录屏软件等多种方式来实现讲解或者是演示。通过这些常用的工具和软件来制作成微课，对于教师而言难度并不大，制作出了相应的实验教学微课以后，学生在具体的操作过程中如果出现了一些问题，还可以反复观看微课进行复习，然后自己答疑解惑，这样有可能促使教师的工作量大大降低，也能够保障教学有效性大大提升，而学生在复习过程中，对于重点和难点还能够进行反复地学习，有利于保障学生的学习质量。

（六）不断健全微课平台

事实上对于高校而言，微课平台的应用，包括微课资源库的建设以及交流平台的建设，也就是说学校要鼓励教师开发一些优质的课程，放置到平台上，形成一个学校内部的微课资源库，并对其进行有效的管理，进而实现优质资源的共享，同时也是建立一个合理的交流平台，能够有效地促使师生之间师与师之间的互动。这实际上秉承了开放共享的教育理念，在高等教育教学中应用前景是非常广阔的。

1. 加强微课功能建设，形成更加有效的微课教学平台

微课功能无法完全发挥出来，就会导致微课教学平台的应用价值弱化，所以相关人员应该充分地了解学生与教师的意见，不断地加强微课功能的建设，落实平台管理措施，扩大微课平台的应用范围。对于微课工程方面的建设，应该充分地重视教学功能与教学效果的反馈，让教师与学生作为主要的使用主体，及时表达自己对于微课平台的看法与评价，这是进行微课平台功

能完善的重要措施。因此，微课平台管理人员要及时地了解这些意见，并且发现平台建设与应用中的问题，以便于做出调整和改进，让师生都能合理地利用微课教学平台。此外，技术人员重视微课平台功能完善，让师生、生生之间可以有效地沟通和交流，切实提升教学效率。

2. 设计高水平微课平台，提升教学应用效果

微课平台在应用环节，其系统有着非常高的复杂性，教师对于微课平台的要求较高，所以高校微课平台需要加强设计与建设，才能保证其在更大的范围内使用。为了能够消除这一方面的问题，应该从平台和教师方面出发。第一，简化平台内的功能。通过微课平台录制相应的教学视频，还要进行视频剪辑、音乐搭配、文字编辑等方面的功能，让整个课程的录制顺利地进行，让平台的使用更加方便快捷。第二，提升教师的能力。教师需要合理有效的利用微课教学平台，让学生的使用更加便捷，利用平台可以开始自主学习活动，促进视频制作水平的提升，让学生可以随时随地学习相关的知识，有效地消除课堂固定教学的不足，满足现代社会的高校教学需要。

（七）积极建设微课资源

在高校教学中通过微课平台开展，就需要比较多的微课资源才能实现，所以积极开展微课资源建设非常的重要，利用丰富的教学资源使得教学活动顺利进行，满足学生的学习需要，让学生积极主动参与到学习中。对于微课资源建设，应该从下述两个方面入手。第一，充分做好微课教学资源的研发。高校是微课资源提供整体，加强资源研发是非常重要的教学任务，投入较多资金开始建设微课资源系统，提供必要的微课教学基础设施，并且组建具备较高素质的微课研究工作团队，从而可以更好地让微课教学活动顺利进行。第二，符合课堂教学的实际需要。高校课堂教学中，因为学生的自身实际情况、教学形式多数是以大班的方式，所以导致有些学生存在侥幸心理，不愿意参与到学习活动中，对于所学习到的各项知识理解力比较差。这就需要利用微课资源建设，让微课资源更加符合课堂教学的实际情况，让学生掌握课堂学习的知识，促进自身素质的提升。

第二节　慕课的运用

一、慕课的特点

慕课作为专业术语的提出是在 2008 年，兴起于 2012 年，同年被《纽约时报》定义为"慕课元年"。慕课是 MOOC 的音译，由 Massive（大规模）、Open（开放）、Online（在线）、Courses（课程）四个英语单词的首字母组成，意指大规模的网络开放课程。是一种将分布于世界各地的授课者和成千上万个学生通过教与学联系起来的大规模在线公开课程。

慕课的优势主要是通过在与传统教学模式的对比中显现出来的，其优势主要表现为以下几点。

（1）有着极大的课堂规模。在网络视频播放技术的支持下，慕课吸引了许多人，人们在慕课平台上注册账号之后就能对平台上的所有资源进行学习。有些优质课程已经获得几万人、甚至几百万人的青睐。

（2）学习环境是开放的。慕课已经突破了时空的限制，其教育场所并不固定，对时间也没有要求，因此，所有的学习者都可以根据自己的时间安排学习活动。只要学习者有网络、电脑，并且在慕课平台上注册了账号，那么，其就能自由自在地汲取慕课平台上的学习资源。可见，慕课平台为学习者打造了一个共享的、开放的学习环境。

（3）有着丰富、优质的学习资源。一般来说，慕课课程资源都是由世界知名大学提供的，视频发布者都是相关专业中的佼佼者，他们制作的视频内容精练、知识讲解仔细，因而为很多学习者所认可。大量、优质的学习资源保证了学习者学习的质量，同时也促使其更加积极地投入后续的学习中。

（4）片段化的知识点学习。过去，网络上的教学视频一般都是教师线下一堂课的教学视频，学习者观看这些视频就像上了一堂线下课，这其实表明，这样的视频依然没有摆脱传统教学的束缚，具有传统教学的色彩。慕课通常会将一门课的内容进行合理的划分，划分后的片段内容不多，学习者可以分别学习。这使学习成为一种碎片化的学习，能帮助学习者充分利用自己的琐碎时间，因此，这非常有利于其学习质量的提高。

（5）实施多元评价的方式。传统评价方式表现为通过考试判断学生的学习如何。慕课则可以利用软件实时完成对学生的课堂学习评价，此外，学生可以在课程底下的评论板块进行互评，这极大地丰富了评价的方式体系。

可以说，慕课为世界各地的学习者提供了大量的教育资源，使其学习视野得以开阔，只要他们有一定的网络与硬件设备，其就能学习各种自己想要学习的慕课课程。而且因为慕课平台上的慕课资源都比较优质，学习者学习起来会比较容易，其学习质量也能获得保证。

二、慕课对高校教育教学产生的影响

（一）对教师的影响

1. 参与慕课教学的教师

慕课的课程内容一般都有教学视频、参考资料、作业、试题等，其制作也需要课程设计、摄像、视频编辑等，是一项复杂且烦琐的工作。在开设过程中，教师和助教需要及时掌握课程状况和学生学习动态，需要技术支持、内容支持。这样的工作，老师很难独立完成，需要多人合作，相互协调，紧密配合，一般高校还会依托实力较强的 IT 公司提供技术支持。这也推动了网络课程步入团队化教学发展的新时代。在慕课建设中，课程的视频制作是主体，教师是课程的主要设计者。由于慕课的学习者是来自不同学科、背景、层次的学生，是面向社会开放的"大课堂"，让不同需求的人们学懂、学好课程成为课程设计的主要任务，并且教师还要应对学生千变万化的答疑解惑需求。这无疑是对教师授课的挑战。

从课程设计上来看，教师要考虑诸多内容，不仅要考虑教学目标、教学任务的设计，而且还要考虑教学活动、教学评估的设计，也就是从整体上完成对教学活动的把握，尽可能地利用丰富的教学内容、多样的教学手段激发学生的学习积极性。同时，教师还应该时刻将碎片化教学的理念放于心中，外化于教学行为上。

参与慕课教学的教师应该重视自身能力的增强，要能意识到自己在哪些方面存在不足，进而积极地改正，同时要有意识地学习国内外先进的教育理念，掌握更多高水平的教学技能。在专业知识方面，也要紧跟本专业最新的研究成果，并学习、深化这些研究成果。

2. 未参与慕课教学的教师

慕课给高校教师提供了便利、有效的学习资源，未参与慕课教学的教师也应该积极参与学习，观摩名校名师的教学风格，从学生的角度体验慕课的整个学习过程，要知道学生到底想学习什么，比较不同的方法论，从一个新的角度反思自己的教育活动，根据学生的特点和学习需求进行修改和制定，提高学生的学习效率，提高自己的教育水平。

（二）对学生的影响

首先，每一个教学视频都有着一个特定的主题，讲述的是一个具体的知识点。因此，学生可以根据自己实际的学习情况、兴趣等选择合适的视频进行观看、学习。其次，每一个教学视频的时长比较短，这也能让学生始终集中注意力，从而使其能全身心地投入其中，促使其学习效率的提高。再次，教学视频的最后都会带有一些测验，这些测验都与学生刚看的视频内容有关，如果学生通过了测验就能说明其已经掌握了这一视频中的知识。最后，学生在学习过程中如果遇到了一些问题，可以直接在慕课课程下面的讨论区与其他学习者讨论，也可以到与这一问题相关的板块中去提问。

不过，笔者还需要说明的是，从本质上来看，慕课也让学生的学习方法予以改变，使其在大部分时间内要进行自主学习，这对其自律能力来说是一个极大的挑战。对于慕课的学习，学生需要合理利用自己的课余时间，利用网络在线学习视频并查询学习资料。由于现在便利的网络、电子设备的泛滥，学生课后上网玩游戏、看电影、购物等占据了上网的大部分时间，有些对于慕课的选择，可能只是一时兴趣，很多人都不能坚持下去，退课率比较高。所以，对于自控能力不强或信息素养不足的学生，慕课不能体现其价值。

因此，慕课要在高校顺利开展，必须要让更多的学生对其产生学习兴趣，让更多学生主动学习，让学生变成学习的主体。对于要想通过并学好慕课课程的学生，建议做到以下几点。

（1）端正学习态度，明确学习目标。现在高校对于慕课课程的开设一般为选修课程居多，课程选择上也是一些非重点科目，学生的重视度不高。那么，学生在对待这些慕课课程就应该当作必修课程一样学习，并以通过最终测试为目标，而不仅只是为了玩玩，有了正确的目标，才会有学习的动力。

（2）增强学习主动性。相对于传统课堂，慕课课程的学习没有老师随时监督和提醒，从头至尾必须得自己约束自己学习，没有一点偷懒的可能，需要集中百分百的注意力。所以，在选择慕课课程学习前要保证有很强的学习主动性和冒险精神。

（3）要有坚持不懈、不轻言放弃的精神。没有通过慕课课程的学生，很大一部分都是没有坚持学完、中途放弃的。慕课平台提供了这样一个优质的学习环境，只要能持之以恒地学完，就是成功了一半。

总之，慕课的出现和蓬勃发展，必定对高校教育产生影响，给高校教学带来新的挑战和变化。各大高校应该充分利用慕课的优质课程资源，探索适合本校的慕课教育，鼓励教师们积极地学习、适应慕课课程，转变传统的教学方法，提高自身的教学能力。学生们也应该改变学习方式，提高自学能力，加强学习的自主性和自控性。我相信，在慕课浪潮的推动下，高校教育的发展将会迎来新的春天。

三、常见的慕课教学平台

目前，比较有名的慕课教学平台除了 Coursera、edX 和 Udacity 三大巨头外，中国的"清华大学慕课"和"上海交通大学慕课"发展也很好。

（一）Coursera

Coursera 是免费的大型公开在线课程项目，由美国斯坦福大学两名计算机科学教授于 2012 年 4 月创办，旨在同世界顶尖大学合作，在线提供免费的网络公开课程。

Coursera 的首批合作院校包括斯坦福大学、密歇根大学、普林斯顿大学、宾夕法尼亚大学等美国名校。Coursera 与高校的合作模式是在双方签订协议达成共识的基础上，由 Coursera 提供技术开发和支持，由各高校授课教师或团队开发和设计在线课程，共同为来自世界各地的学习者提供服务和支持。其课程组织形式主要有授课视频、在线测试和线上线下讨论等，充分体现了以学习者学习需求为中心的设计。

Coursera 的注册学生有 2/3 来自海外，其中约 41 000 人来自中国，占总人数的 40%左右。在 Coursera 未来的发展中，将会和更多大学合作，提供更加多样宽泛的课程选择，提高学生在该平台上的学习质量，并且在全世界范围内吸引更多的学生。

（二）edX

2012 年 5 月，哈佛大学与麻省理工学院各资助 3 000 万美元联合创建出非营利性慕课服务机构 edX。其前身起源于麻省理工学院 2011 年 12 月宣布实施的在线开源学习项目 MIT 和哈佛大学的网络在线教学计划。截至 2014 年 3 月，PrIX共开设了 163 门课程，覆盖了 25 个学科。

edX 的建设目标是通过 edX 平台建立一个庞大的全球性在线学习平台，除了提供在线课程外，麻省理工学院和哈佛大学将使用该平台对教学方法与技术展开研究，探索线上、线下混合教学模式、教育效果评价、教学法、远程教育效果和学业管理等方面。在麻省理工学院校长苏珊·霍克菲尔德博士看来：edX 是提升校园质量的一项挑战，利用网络实现教育，将为全球数百万希望得到学习机会的人们提供崭新的教育途径[①]。麻省理工学院阿南特·阿加瓦尔教授就任 edX 第一任主席。

edX 在战略上推动建立 X 联盟，X 联盟成员均为全球顶尖大学，当前包括了来自美国、欧洲、澳大利亚、亚洲等地的 34 所高校，每所高校以"学校名称 + X"表示。如哈佛大学为"HarvardX"、清华大学为"TsinghuaX"。

edX 在 2013 年 9 月推出了 X 系列课程,每个系列包括某个学科的若干门课程，修课时间一般为 6 个月到两年。学习者完成课程后可获得 X 系列课程证书，证明学习者完成了本领域课程。

---

① 陈健. 试论慕课时代的大学生学习指导 [J]. 高教学刊，2017（17）.

（三）Udacity

Udacity 是斯坦福大学于 2012 年 2 月创办的营利性机构。通过 Udacity 平台，学习者可获取低价格、高参与的高等教育，大大缩小了学习者技能与就业所需素质之间的差距。截至目前，Udacity 已经发布了 24 门课程，分为初级、中级和高级 3 个水平，仅限于商学、计算机科学、数学、物理学和心理学几个领域。在教师选择上，Udacity 的依据并非是他们的学术研究能力，而是其教学水平。Udacity 的课程一部分是由教师自行设计的，一部分是与谷歌或微软公司等共同设计推出的。其特色在于高度交互性、基于项目练习的做中学、基于微视频学习的寓教于乐、基于真实情境的学习、高度参与的学习社区。Udacity 已经和圣何塞州立大学（SJSU）合作推出 5 门在线课程，能够成功完成这些课程的学习者将获得圣何塞州立大学的学分，并可以在加州州立大学系统内和美国大多数高校间进行学分互换。

（四）清华大学慕课

2013 年 5 月，清华大学加盟 edX；同年 6 月组建团队并启动基于 edX 开放源代码的中文平台研发工作，在多视频源、关键词检索、可视化公式编辑等方面进行了改造。2013 年 10 月，"学堂在线"正式对外发布，同时开放了第一批 5 门课程，同年又开展了首批小规模私有在线课程（SPOC）的试点。2014 年 4 月，教育部在清华大学设立了"在线教育研究中心"。目前，"学堂在线"汇聚了清华大学自建的 30 门课程和北京大学、edX 联盟高校的 140 多门课程。此外，学堂在线慕课平台还帮助国内其他高校推广慕课和 SPOC 模式。

（五）上海交通大学慕课

2013 年年初，上海交通大学成立了慕课推进办公室，同年 7 月举行"在线教育发展国际论坛"，并与 Coursera 建立合作关系。2014 年 4 月，上海交通大学自主研发的"好大学在线"平台正式对外发布。该平台目前汇聚了上海交通大学自建的 30 门课程和北京大学、香港科技大学等校的多门课程。

上海交通大学慕课实践的突出特色体现在两个方面：一是其开发的慕课

主要面向在校学生，探索与上海西南片区高校之间基于慕课的优质教育资源共享和学分互认机制；二是具有推进优质教育资源，从网络课程、视频课程、视频共享课到"南洋学堂"的微课程等开放共享课程的实践基础。基于慕课改进的教学模式，允许学生在本校在线学习，然后到开设慕课的学校参加翻转课堂学习，并参加考试，以此推进 O2O 混合式教育。

四、高校实施慕课教育教学的对策

在高校推动慕课教学深入开展的形势下，如何将传统教学和慕课教学有机融合，扬长避短、优势互补，更好地提升教学质量和学生学习的效果，是我们需要认真思考的问题。为此提出如下几条建议。

（一）与教学方法的有机融合

对于传统的课堂教学而言，教师永远是授课的主体，学生在学习过程中处于被动接受的地位。学生的学习积极性和学习兴趣没有被激发出来，学习的主观能动性较差。在慕课的引入过程中，授课教师可以考虑在授课的内容和时间上将慕课有机结合进传统的课堂，为原有的课堂教学注入新的活力。教师可以利用慕课的资源为学生布置作业，让学生在课下进行自主慕课学习，在课上由教师引导，进行相关话题的讨论和答疑，甚至是开展班级的辩论赛。教师应该以教学课本、教学大纲为主线，通过慕课的资源进行外延的扩展，从而将本门课程的知识量进行扩充，引导学生进行探索式的学习，从而更好地引导学生开展自主学习，培养他们的学习兴趣。

（二）与教学时间的有机融合

现有高校的教学时间主要安排在周一到周五的白天，其他的课余时间学生并没有很好地规划和利用。而慕课的教学资源可以让学生的课余时间充实起来，学到更多的专业知识。因为慕课资源是无限扩展的，兼容并包了各种门类的学科，因此学生可以在教师的指导下进行有针对性的学习。学生可以在传统教学的基础上进行深度扩展，也可以比较同一门课在传统教学和慕课教学中的异同点，从而加深对知识的理解和应用。同时，学生还可以在课下根据自己的兴趣爱好进行自主学习。因为目前高校扩招，导致每个班级的学生人数极度地超标，学校无法按照每个学生个性化来设置培养方案和教学计划，只能按照统一的教学计划去进行，这样就无法满足学生个性化学习、个性化发展的需要。而慕课教学由于其资源的种类齐全，学生可以在课下的时间根据自己的兴趣和爱好，选择自己喜欢的课程学习，从而较好地实现自身的个性化发展。

（三）与教学测评的有机融合

传统教学模式下，教学测评的主要方式是靠期末考试，采用纸质的试卷，考试的形式趋于单一并且试卷的管理也存在着后续的问题。在慕课的背景下，教师可以将考核多样化，可以利用慕课的资源进行讨论、小组汇报、案例分析等形式来计算平时成绩，加大对平时成绩的权重，从而淡化学生对期末考试的依赖，培养学生平时注意积累的学习习惯，而不是到了期末临时复习冲刺。教师也可以广泛地利用慕课的技术，开展网上的考试，通过网络进行试卷分发、评分，这可以极大地提高测评的效率。同时，也为后续的试卷管理和教学评估提供了电子版的依据。

第三节　雨课堂的运用

一、雨课堂的概念

雨课堂线上授课软件是由学堂在线与清华大学在线教育办公室共同研发的智慧教学工具，旨在连接教师和学生的智能终端，使课前预习、课堂教学与课后复习之间形成有效的沟通桥梁，赋予课前、课中、课后全新的意义和体验，最大限度地释放教学能量，优化教学，推动教学改革。[①]

雨课堂将复杂的信息技术手段融入幻灯片（Power Point、WPS 等）和微

---

① 周春燕. 基于雨课堂工具的现代教育技术智慧课堂构建 [J]. 中国教育技术装备，2018（10）.

信中。侧重于忽略教师的主体地位而更强调学生的主体地位；依据学习过程的客观规律，以问答、解释等方法和手段引导学生主动、积极、自觉地掌握知识，不代替学生得出结论，实现对教材内容的真正理解，从而不断地提高学习水平，激发学习动力，培养学生独立思考问题的兴趣和能力；提供授课三大模块：课前预习——分享慕课视频等、课中教学——试题互动等、课后复习——巩固练习等；为学生提供自动任务提醒服务，为教师提供完整立体的数据支持、个性化报表，让教学过程更加简单明了。

二、雨课堂教学的优势

教学模式的革新势在必行，近年来，大家都认识到传统的"我讲你听"的课堂教学模式已经不适应时代发展的需要，于是在教学模式上有不少创新，如"问题引导教学法""案例教学法""课堂讨论教学法""社会实践教学法"等，可谓多姿多彩，各有优势。雨课堂教学模式的优势在于在移动互联网与大数据背景下，借助 PPT 和微信达到师生课内、课外的全面互动。雨课堂是一个智慧教学工具，可以通过 PPT 和微信连接教师和学生的手机终端，从而为教师的教学和学生的学习提供支持。雨课堂的功能都是基于 PPT 和微信的：在电脑端，雨课堂以 PPT 插件的形式运行，将雨课堂插件成功装入 Power Point 后，教师就可以直接制作并发布 PPT 课件、编辑测试卷，插入微课视频和视频链接。在手机端，雨课堂以微信公众号的形式运行。在使用前，教师须先在计算机上安装雨课堂软件，并且在手机端关注雨课堂微信公众号，学生则只需在手机端关注公众号即可。

（一）激发学生的参与热情

教师向学生传授知识的过程能够实现信息的传播。研究信息传播与教学活动可以发现，教学活动中的要素与信息传播过程中的要素有相似性。教师要选择适合学生学习的内容进行信息传播，并使用多样的媒介将信息传递给学生，丰富学生的知识体系。现在的大学生从童年时期就开始接触网络，因此，需要教师利用网络的功能吸引学生的学习兴趣，有效传播教学信息。大学生接触互联网的时间比较长，也偏好使用互联网来搜索信息并获取知识，因此教师要利用互联网来增加学生的学习时间，通过互联网传递学生需要学习的知识。由于大学生对互联网的喜爱，移动学习模式势必会被大学生接受，成为被推崇的学习模式。如今，大学生不重视课堂学习，在高校课堂中不认真听讲，这主要是因为大学生都有自己的手机，而大学生用手机不会被监管，于是大学生就在相对自由的高校课堂环境中频繁使用手机，形成了对手机的依赖。在高效课堂中，教师在讲台上讲课，而学生却在座位上玩手机，这是一种本末倒置的学习模式，不利于学生在合理的学习时间学习更多知识。高校应当因势利导，不能禁止学生使用手机，但是可以适当对学生使用手机制定规范，使学生可以利用手机学习知识。对于教师来说，进行课堂教学不仅需要传授给学生知识，还需要与学生进行思想沟通，拉近教师与学生之间的距离。传统的教学模式中，教师通常会随机点名叫学生起来回答问题，这样的提问方式容易受到课堂时间等因素的影响。而雨课堂教学模式具有传统课堂模式所不具备的优势。雨课堂教学模式能够丰富教学内容，提高师生互动的频率，拓展答题方式，使学生可以在多样的答题模式中展现自己，积极参与到课堂中。学生在登录微信后，进入雨课堂，就可以看到教师提前设置好的习题，使用自己的手机提交答案，再由教师批阅，这样的教学模式能够保证学生都参与进来。高校课堂一节课的时间比较长，在长时间的课堂教学中，学生容易走神，这时，教师可以布置一些习题让学生作答，提高学生的学习积极性。如果学生回答问题的情况良好，那么教师就可以给表现好的学生一些奖励，鼓励学生主动学习，营造良好的学习氛围。教师在课堂中丰富答题形式，增加主观题的占比，可以有效提高学生参与课堂的积极性，鼓励学生主动学习教师教授的知识，提高学生的创新意识，锻炼学生的语言表达能力，提高学生的思维能力，使学生真正理解教师传授的知识。雨课堂教学模式能够提高学生的课堂参与度，增加学生在课堂上发言的胆量，鼓励性格胆小的学生也能在课堂上发表自己的观点，在雨课堂中表达自己的想法，这就使得学生的学习积极性得到有效提高。雨课堂具有投屏分享功能，能够将学生的答案投屏到教室的大屏幕上。教师可以选择学生作答较好的答案，将这些答案投到教室中的大屏幕上，使表现好的学生受到鼓舞，产生学习满足感。雨课堂教学模式使得手机这一吸引学生注意力的工具成为帮助学生学习的工具，从而有效提高了学生参与课堂的积极性，推进了教学发展。在雨课堂中，手机是必不可少的工具，能够提高课堂效率。

（二）增强学生学习的灵活性

要想有效提高教学效果，就必须创新发展教学活动，在立足实际的基础上设计符合学生实际条件的教学活动。高校在创新教学模式时，要秉持以人为本的原则，重视学生的学习主体地位，创新性发展教学观念和教学方法，促进学生的全面发展。传统教学方法容易被课堂时间这一因素限制住，因此，教师为了一定的教学效果会有选择地讲授相对重要的知识，而学生需要在课下时间自学教师没有在课堂上讲过的知识。传统教学模式的教学内容是固定的，教学方式过于单一，学生在这种学习环境中处于被动位置，无法采用适合自己的学习方式学习知识，也无法增强创新意识。教师使用雨课堂教学模式，不仅能够利用微信丰富教学内容，还能够在课堂开始之前上传教学资料，使学生能够提前预习课堂教学内容，提高教学效果。这使得教学不再受到课堂时间和教室地点的限制，也使得学生能够更自由地学习知识，利用手机这一便利的学习工具学习知识，在任何时间进行"碎片化"学习，增加学习时间，学习更多知识。雨课堂教学模式能够使学生利用合适的时间学习自己感兴趣的知识，提高学生的学习主动性，丰富学生的学习方式。雨课堂具有丰富的教学内容、灵活的教学方式，这些因素促使学生的学习积极性得到提高，增强了学生的创新意识，突显了学生的学习主体地位，增加了学生学习的灵活性，促进学生逐渐形成合理的知识体系。雨课堂的教学效果可以通过全面的数据展现出来，使得教师可以利用雨课堂信息反馈功能了解教学效果，掌握教学节奏，及时调整教学内容，进一步提高教学效果。

（三）提升师生的互动性

雨课堂教学模式需要在教师的主导作用下发挥作用。只有教师发挥主导作用，才能保证教学氛围的营造、教学过程的实施和教学的手段符合实际需求，才能充分提高学生的学习主动性，保证一定的教学效果。这就要求教师坚持学习，提高自身专业素养，不断研究教学新手段和形式，革新教学思想。在教学活动中，教师的教授行为和学生的学习行为是互相依赖的两个方面。雨课堂教学模式能不能取得良好的教学效果，需要通过学生的学习情况反映出来。教师设计教学活动时需要结合学生学习实际和创新理念来合理设计教学活动，并不断根据学生的反馈信息调整教学活动。因此，教师与学生之间的互动是很重要的。在传统教学模式中，教师和学生的互动机会很少，互动频率不高，并且课堂教学时间有限，这使得教师无法有效了解学生的学习情况，无法了解学生遇到的学习方面的困难，不能及时向学生伸出援手；而学生在这种教学模式中也不利于自身的学习，只能处于被动位置接受知识，无法增强创新意识，无法真正理解知识，也就不能进行后续学习。

在雨课堂教学模式中，教师可以在自己的手机或电脑上查看学生的作答情况，掌握学生的学习情况，这使得教师与学生的互动更加便利，也使得教学进度能够符合教学计划。教师利用雨课堂可以立刻看到学生的答案，在课堂上及时点评，鼓励表现好的学生，纠正回答错误的学生的问题，这样不仅可以提高师生互动频率，还可以提高教学效果。教师利用雨课堂教学模式可以与学生进行同步交流，也可以与学生进行不同步的交流。这样的交流是灵活的，增加了师生交流的需求，丰富了师生互动的方式，有效提高了教师的教学效果和学生的学习效果。教师将教学课件和习题通过雨课堂传送给学生后，要求学生在手机上学习并作答，这样教师就可以及时掌握学生的学习情况。学生利用手机可以查看自己观看课件的时间和答题正确率，方便学生了解自己的学习情况，从而及时纠正错误。学生未完成学习任务时，雨课堂还会提醒学生查看未完成的学习任务。学生还可以通过雨课堂与教师交流，向教师诉说自己的想法，得到教师及时的指导。在雨课堂教师端，教师批阅试卷时，会看到学生的作答情况，通过雨课堂反馈功能整合学生学习情况；教师查看学生学习课件情况时，可以看到学生观看课件的时长。雨课堂教学模式使得学生与教师可以随时互动，使学生得到教师的指导，也使教师可以掌握学生具体的学习情况，根据系统反馈的信息调整教学手段和内容，使学生学到更多知识，提高教学效果。雨课堂教学模式使得教师可以做到因材施教，促进学生全面发展。雨课堂能够有效培养学生的探索意识和创新意识，提高师生互动频率，营造和谐的教学氛围，锻炼学生的表达能力。

（四）增大资源的共享性

传统课堂教学模式下的班级能够容纳四五十个学生，但是处于教室靠后位置的学生很可能看不清课件内容。而雨课堂教学模式就不会出现这样的问题。雨课堂教学模式中，坐在教室后排的学生可以通过手机查看课件内容，这样就使得全班的学生都能清晰地看到课件内容，使得教室可以增加容纳量，增加资源的共享性。当教室多媒体设备无法使用时，教师可以带领学生使用手机登录雨课堂进行学习，由此可见雨课堂还可以保证教学活动不受其他因素的较大影响，确保教学进度符合教学计划，使学生在课堂中学到知识，达到学习目的。

（五）激发教师探索教学改革的积极性

教学是一种由教师的教授活动和学生的学习活动共同组成的活动，需要教师和学生互相协作，发挥双方的主观能动性，才能达到教学目标。在传统的教学模式下，教师在讲课时，仅向学生展示了教学设计，并不能增加师生互动的机会，这样的教学模式将教师限制在讲台上，也将学生限制在座位上，使得师生无法正常互动，无法有效革新教学方式。在传统教学课堂上，学生就算对教师讲的内容存疑，也不敢打断教师进行发言。如此，教师就无法及时获得学生的反馈，只能靠自身来探索教学方式的改革。

雨课堂教学模式可以激励学生在遇到不理解的知识时及时向教师反馈，展现学生对部分知识内容的疑惑，使得教师及时了解学生的困惑，从而激发教师探索教学改革的积极性。雨课堂教学过程中，师生可以有效互动，互相帮助，推动教学改革。教师了解了学生的学习困惑之后，为了解答学生的疑惑，会坚持学习，拓展教学方式，利用先进设备丰富教学内容呈现方式，更好地回答学生的问题，加深学生对知识的印象。教师如果想更好地回答学生的问题，为学生提供更科学合理的教学资料，就必须坚持学习新知识，提高专业素养，锻炼自己的表达能力，扩充自己的知识体系，提高与学生互动的频率。在雨课堂教学模式中，学生可以不断反馈教学意见，使教师能够及时获取反馈信息，更加了解学生的学习情况，从而促使教师提高教学改革积极性。

（六）合理设置总评成绩中平时成绩的权重

雨课堂教学模式受到教师和学生的青睐，会促使教学考核方式发生一定的变化。教学考核在很大程度上影响着教学的发展方向。传统教学模式中，考核比较重视学生对知识的记忆情况，会根据学生对理论的记忆情况给出分数。在学期末，高校会根据教学大纲来设置考试内容，采取闭卷形式考核学生的知识记忆情况、考核学生掌握教学内容的情况。

在雨课堂教学模式中，学生的总成绩由平时成绩和期末考试成绩组成。学生的平时成绩由学生的课堂出勤率、平时作业完成情况和课堂表现组成。在雨课堂教学模式下，学生的课堂表现和习题完成情况都可以被系统处理成具体的数据，方便教师根据数据判断学生的学习情况。当雨课堂结束时，系统就已经存有学生的学习情况和教师的授课情况，简化了这些数据的保存流程。雨课堂的数据记录功能不仅可以记录学生在课堂上的表现（学生出勤情况、学生答题情况、学生观看课件情况和学生的弹幕信息等），还可以记录学生在课下时间的学习情况。传统教学模式下，学生的学习活动不会受到严格监管，这使得教师无法及时得知学生遇到的学习困难。而雨课堂的数据记录功能可以对学生的学习情况进行公正评分，帮助教师保存学生的学习数据，能够激励学生主动学习知识，提高学习积极性。传统教学模式中，学生只需要在考试前好好背知识，就可以获得好成绩，而在雨课堂教学模式中，学生的平时成绩在总评成绩中的占比很大，学生要想取得好成绩，就要在平时好好学习，好好表现，积累知识。

三、基于雨课堂的高校教育教学环节

雨课堂的教学模式是一种线上与线下相结合的混合式教学模式。它包括了基于海量互联网资源的教学准备环节和自主学习环节、课中师生交互环节以及基于后台教学日志数据的分析和总结环节。

（一）教学准备环节和自主学习环节

该环节教师可以借鉴互联网上海量的优质教学资源，如名校名师的慕课、微课等，教师也可以根据自己的教学内容录制一些相应知识点的短视频。同时，教师也通过设置相应知识点的一些限时回答的题目或者开放性的问题，检测学生的预习效果，为课堂教学环节的有效互动做准备。

学生则通过智能手机端接收教师推送的学习任务单，进行课前自主的线下学习。此外，同学之间也可以通过微信群进行探讨、交流，标记有疑惑的地方并反馈给教师。教师能够及时查看学生所反馈的问题，从而对课堂内容的讲解进行适当的调整。

（二）课堂交互环节

学生通过雨课堂生成的二维码或课堂暗号加入课程。教师也可设签到图案，进行手机签到，以便统计平时成绩。登录雨课堂后，教师可以向学生传递课件，使学生在手机上就可以看到课件内容，并且学生还可以将课件保存下来，在课下时间里复习课件中的知识。上课时，教师重点讲解预习中同学们遇到的问题，学生也可以利用雨课堂功能标记自己暂时没理解的知识点。学生在系统中做的标记会反馈给教师，教师就可以明确学生学习的难点，对难点展开讲解，及时解答学生的问题，学生也可以通过弹幕发送自己的观点和疑点，与教师进行实时互动，活跃课堂气氛。最后，老师推送设计好的课堂测验，测试学生对本节课所涉及知识点的掌握情况，学生的答案会通过报表形式展示，教师可根据测验的结果，对相应知识点进行补充讲解。课堂结束后教师也可以打开雨课堂的投票功能了解学生对本节课的评价①。

此外，在雨课堂教学模式中，教师可以记录学生的课堂提问情况、学生的互动情况和学生的习题完成情况来对学生的平时表现给出一个公正的分数作为学生的平时成绩，丰富学生学习评价内容。

（三）分析和总结环节

使用雨课堂教学软件，教师可以在雨课堂里看到学生答案的正确率，从而确定学生对问题和知识点的掌握程度。同时，教师也可以看到"优秀"学生和"预警"学生信息，根据统计结果对学生进行有针对性的指导，并为教学评价提供理论依据。

---

① 孙笑. "互联网+"时代下"雨课堂"在课程中的教学改革实践研究 [J]. 沈阳师范大学学报（自然科学版），2018（1）.

第八章

高校教育与教学创新的保障——教师

进入 21 世纪后，我国的经济、政治、文化、科技都处于飞速发展的状态，这样的发展形势也影响了我国的教育领域，促使社会对高校教育提出了新要求。高校应当抓住社会飞速发展的机会，不断根据社会形势进行教学改革，为社会和国家培养符合要求的高质量人才。高校教师在教学中的作用是不容忽视的，他们不仅能够指导学生在正确的道路上发展，还能够指导学生形成独立自主的思维、学会正确的学习方式。可以说，教师影响着学生学习的始终。另外，教师的教学方式和教学水平会对教学质量产生直接的影响，教师还会直接参与到教学创新当中来，因此，教师是高校教育与教学创新的保障。

第一节　高校教师的角色定位与素质要求

一、高校教师的角色定位

（一）思想启发者和心灵塑造者

高校教师能够启发学生的思想，塑造学生的心灵，因此高校教师对学生发展的作用是很重要的。教学活动要求教师既要传授理论知识，又要教授给学生做人的道理。教师是辛勤的园丁，负责浇灌花园，而学生就是被浇灌的对象。教师能够塑造学生的灵魂。教师在课堂中不仅传授理论知识，给学生讲解知识点，还会帮助学生形成正确的价值观和世界观，塑造完整的思想体系[①]。高校教师在学生面前不仅要以身作则，用自己良好的行为举止感染学生，还要讲授做人的道理，提高学生的综合素养。

高校教师应将自己的人生感悟传递给学生，提高学生的思想觉悟。高校教师可以与学生一同成长，关注学生的成长与发展。教师要鼓励学生表达自己的思想，拉近与学生之间的距离。教师要营造和谐的课堂氛围，鼓励学生与教师共同探讨问题，善于倾听学生的意见。学生不仅需要教师为自己解答学习上的疑惑，还需要教师帮助自己解决生活上的问题，为自己指点方向。

（二）终身学习的践行者

终身学习的目的是使人们能够适应社会的巨大变化。在信息时代，人们目睹了多个领域的变革，现代信息技术的发展使人们在一瞬间就能接触到大量的信息，在这样的社会形势下，人们如果不具备终身学习的素养和能力，就会降低自己的价值。在我国历史中，教师被人们称为"教书先生"。"教书先生"中的"教书"二字指的是教师的职业内容，"先生"二字指的是职业尊称。"教书先生"应当具备渊博的学识，能够及时解答学生的问题，为学生提供适合学生的书籍。高校教师也是如此，应当深入研究专业知识，学习新的研究成果，根据学生的学习情况撰写并出版自己的教材，为学生提供合适的教材，做到终身学习，并为学生做榜样，引导学生实现终身学习的目标。而实际上，关于教师要树立终身学习者的形象的问题，早在农耕经济时代，中国古代的俗语中就有"秀才不怕衣裳破，就怕肚里没有货"的说法，深刻揭示了学习的重要性和必要性。只有坚持学习知识、研究知识，以终身学习为目标，才可以不断补充知识、拓展知识体系，形成属于自己的学习方式，逐渐提高自身教学技能水平，对学生产生潜移默化的影响。

要想实现终身学习的目标，就要将学习作为爱好，学会享受学习的过程，利用课下时间学习知识，使自身沉浸在知识的海洋中。高校教师要充分认同终身学习的思想，在日常生活中学习新知识，做到终身学习。

首先，人是社会的主体，也是学习活动的主体。人在社会中发挥着重要作用，能够推动社会发展。人需要在社会中生存下来，要面对社会的压力，

---

① 杨荣刚. 试论新时期高校教师的角色定位 [J]. 贵州民族学院学报（哲学社会科学版），2008（3）.

要追求更高质量的生活、追求自我价值的实现，就要激发自我意识，学习知识，提高自身价值。人类在贯彻终身学习理念时，需要重视这一理念，重视自身的学习主体地位，促使自己在社会中坚持学习。人类的学习活动需要发挥人的学习主体的作用，在符合学习规律的情况下，才能学到需要的知识。

其次，人类从生命开始到生命结束的整个过程都在学习。人类所处的社会环境是在不断变化发展的，要想适应社会的变化，人类就要学习新知识，这样才能够不被社会淘汰，并在社会中发挥自己的价值。

再次，个性化学习很重要。每个人都有自己的性格特点和思维方式，这就使得人的学习行为呈现个性化特征。高校教师也是学习主体，也具有个性化学习行为特征。高校教师不仅需要向学生传递知识，还需要不断学习新知识。高校教师需要学会使用互联网收集并学习专业领域最新研究成果，制定学习计划，根据自己的个性化学习习惯随时调整学习计划。同时，高校教师是具备渊博学识的人，需要深入研究专业知识，创新专业知识，提高自身的专业素养。

（三）人格独立的评判者

传统教学模式下，高校要求教师向学生传递知识，提高学生的专业能力。如今，社会发生了巨大变化，全球各个国家之间的交流往来越来越频繁，在这样的文化背景下，我国的高校教师应当具备分辨文化好坏的能力，因此，高校教师应是具有高尚思想品德的思想家和批评家[①]。

如今的世界存在着多元文化，这些文化相互碰撞，产生了很多问题，需要高校教师解答这些问题。例如，怎样有效传承中华优秀传统文化？怎样正确对待西方文化？怎样利用西方文化创新中华优秀传统文化？再如一些社会问题：怎样看待中国社会阶层的变化？怎样缩小贫富差距？怎样合理安排"下岗"工人？怎样促进我国民族企业的发展？这些问题都需要高校教师用长远的眼光和坚定的批判精神来做出解答，引导学生了解社会，选择正确的道路。

高校是塑造学生良好品格的重要场所。高校教师不可以只考虑自身的名利，而是要以培养合格的人才为重要目标，整理适合学生学习的知识内容，

① 熊荣元. 新形势下高校教师的责任、使命与角色定位 [J]. 文山学院学报，2014（5）.

带领学生学习这些知识。高校教师需要有自己的气节，不能为了自己的利益随意与企业合作，降低自己的教学质量。高校教师要敢于质疑社会负面潮流，要坚决抵制并批判这种负面的社会潮流。回顾历史可以发现，当许多知识分子无法批判社会时，就会导致社会发生灾难。高校教师一定要坚定自己的信念，成为人格独立的批判者，敢于批判时弊，担负起自己的责任与使命。

（四）学生学习的引导者和学生发展的促进者

高校在创立初期主要负责向学生教授知识，高校教师主要负责向学生传授知识，讲解知识点，带领学生理解理论知识。如今，社会对高校教师提出了新要求：高校教师不仅要讲解知识，解决学生的学习问题，还要教育学生，引导学生在正确的道路上学习。

首先，高校教师应当引导学生学习。高校教师在向学生传授知识的同时，还要引导学生形成自主学习的意识，使学生学会正确的学习方法，学会自主获取知识、理解知识，用辩证的思维研究知识，从而增强学生的创新意识。这样，学生就可以在进入社会后仍坚持学习，提高自身能力。在互联网时代下，学生可以利用电脑或手机来随时随地获取知识。一般情况下，学生可以借助网络实现自主学习，但是在遇到一些复杂的理论知识时，学生无法独立学习并掌握这部分知识，这时就需要高校教师发挥对学生的引导作用。因此，高校教师要不断学习互联网知识技能，利用先进的信息技术引导学生形成正确的学习思维，使学生可以在正确的道路上学习知识，拓展知识储备量。

其次，高校教师应当促进学生的发展。高校教师在教育学生的过程中，应当摒弃单一的、传统的授课形式，采用多元化的授课形式，给予学生适当的行为督促、教育管理和思想陪伴[①]。高校教师在教育学生时，不能过于看重教授知识的工作，而是要重视塑造学生思想品德的工作。在互联网时代，高校教师更要关心学生的个人成长，鼓励学生学习知识，培养学生的良好人格。

---

① 刘杭，马鹤源. 高校教师的角色定位摭探 [J]. 成才之路，2021（35）.

二、高校教师的素质要求

（一）高尚的思想道德素质

我国高校教育的责任就是为社会和国家培养具备专业素质、专业技能、高尚品德和远大目标的人才。这就要求高校教师自身要具备极高的思想品德。

高校教师是教书育人的职业，也就意味着高校教师必须具备高尚的思想道德素质。高校教师需要以身作则，塑造学生高尚的人格与灵魂。高校教师不仅负责教授理论知识，还负责教授学生做人的道理。在教授学生这些知识和道理之前，教师自己首先要自省，要具备高尚的思想道德素质，深入研究马克思主义思想，提高自己的思想境界，形成科学的思维体系；要树立正确的奋斗目标，形成正确的价值观和世界观，将培养符合社会需求的人才作为自己的工作目标。高校教师还要具备师德，时时刻刻注意自己的言行，用自己良好的师德感动学生，逐渐影响学生的思维，帮助学生塑造健康的人格。

（二）较强的创新能力

在互联网时代，社会需要的是创新型人才，因此，社会对高校提出了更高的要求，那就是要求高校培养出大量的创新型人才。为了满足社会的需求，高校根据创新型人才培养条件调整了教育教学计划。同时，高校教师也要积极应对这一改变，不断创新教学内容。高校教师应当学习新知识，具备创新思维和创新能力，要在创新教学内容的同时创新教学方式和手段，吸引学生的学习兴趣；以身作则影响学生，使学生也具备创新意识。高校教师要不断发展创新思想，敢于在教学过程中应用新的教学手段，采用多媒体设备，丰富知识的呈现方式，提高学生学习积极性，从而有效提高教学效果。高校教师要主动接受新知识，用创新思维思考知识内容，锻炼自己的创造力。高校教师不仅要深入研究专业知识，运用创新思维丰富知识内容，还要足够了解自己的学生，根据学生的条件和学习情况制定教学计划，在课堂上合理融入创新知识，潜移默化地影响学生，增强学生的创新意识①。高校教师还要利用多样的教学方法，在自己的课堂上做实验，检验自己的创新型教学是否能够培养出创新型人才。

（三）过硬的业务素质

业务素质的意思是人们在工作中必须具备的专业素质。例如，司机的业务素质就是能够熟练开车；纺织工的业务素质就是能够根据要求做出纺织品。高校教师是一种比较特殊的职业，高校教师的业务素质包括专业的教学能力和较高的专业学术水平。

1. 较高的专业学术水平

不同专业的高校教师需要在自己的专业领域具备极高的专业学术水平。高校教师需要具备的专业学术水平不仅包括专业理论知识基础、专业知识体系、较大的知识储备量，还包括专业技能。高校教师一般会为了提高自己的专业学术水平而不断学习自己专业领域的新知识，研究新的理论，丰富自己的知识体系，不断拓展自己的学识。社会对高校教师的基本要求是使高校教师具备较高的专业学术水平。只有专业学术水平高的高校教师才可以解答学生的疑惑，受到学生的喜爱。

2. 专业的教学能力

高校教师最基本的任务就是进行教学活动，因此，高校教师必须具备专业的教学能力。高校教师需要与学生面对面交流，需要掌握多样的教学手段和方式来提高教学能力，从而提高教学效果。在传统教学模式下，大部分高校教师没有得到过教学技能训练，不了解教学规律，因此出现了教师在课堂上"捧着课本念"的现象，这样的教学方式显然是不科学的，会降低学生的学习积极性，降低教学效果。高校教师要想具备专业的教学能力，就要接受专业的教学技能训练，掌握专业的教学手段，提高教学效果。

第一，高校教师应当深入研究高等教育学知识，了解高等教育教学规律，在了解这些知识的基础上设计教学活动，使自己的教学活动符合高等教育规律。特别是要培养学生形成正确的学习思维，教授学生正确的学习方法，使学生能够自主学习知识。

---

① 赵小平. 浅谈新时代高校教师素质新要求 [J]. 新商务周刊，2017（20）.

第二，高校教师应当具备教学基本功。教师的教学基本功中最重要的就是语言表达能力，高校教师的语言表达能力很重要。高校教师只有将理论知识讲解出来，才能够使学生听懂并理解理论知识，否则，学生就无法掌握理论知识，达不到教学效果。所有的优秀高校教师都具有良好的语言表达能力。

第三，高校教师还应当具备管理组织学生的能力。高校教师要根据教学大纲整理教学内容，运用组织管理能力管理好学生，维持课堂秩序，使学生在良好的环境中学习。

第四，高校教师要学习新的现代化教育教学手段，学会熟练运用现代化教育教学手段。高校教师要掌握多媒体教学等教学技术手段，丰富教学内容的呈现方式，吸引学生的学习兴趣，提高教学质量水平[①]。

（四）较高的身心素质

学生与教师都是独立的个体，需要具备健康的身体和心理才可以学习知识、传授知识。教师需要重视自己的身体，为了提高教学效率而锻炼身体，使健康的身体支撑自己完成教学活动，达到教学目的。教师只有拥有健康的身体，才能在讲台上站几十分钟，才能使自己发出的声音洪亮以确保学生能够听到。高校教师的年龄有着较大的差距，有的教师只有二十几岁，有的教师是五十几岁，这些教师的年龄不同，但是身体素质都很好，有积极向上的心态，这样才能确保高校教师群体能够胜任教育工作。

第二节 高校教师信息化教学能力发展

一、信息化社会与教师专业发展

（一）基础教育改革对教师的要求

我国的基础教育课程改革对教师提出了更高的要求。高校教师在基础教

---

① 李军，王继荣. 谈高校教师的素质要求 [J]. 山东教育科研，2001（11）.

育课程改革中需要革新自己的教学观念、专业知识结构、教育教学方式和教学手段。新一轮基础教育课程改革要求高校要培养学生自主学习的习惯，不能只向学生灌输知识，而是要引导学生进行学习活动，提高学生自主学习的能力，促进学生的全面发展。高校教师要培养学生的创新意识，提高学生的创造能力，提高学生的信息素养，为社会培养符合要求的高质量人才。新一轮基础教育课程改革促使高校课程内容逐渐变得多样化，也整合了教学资源，使课程结构更加合理。在互联网时代，学生不仅能从高校教师那里获取知识，还可以通过网络自主学习知识。在这样的背景下，高校教师的课堂教学权威被削减了，促使高校教师形成新的教学观念，积极适应新的教学形势，主动收集学生喜闻乐见的信息，营造放松的课堂氛围。

新一轮基础教育课程改革不仅改变了学生，也改变了教师。如今，学生要具备学习主动性，能够积极参与课堂，探索知识，提高信息素养和学习能力；而高校教师要革新教学思想，学习多样化的教学方式，增加与学生的互动交流，培养创新型人才，培养学生收集、整合信息的能力，提高学生自主解决问题的能力，锻炼学生与人交流的能力。新一轮基础教育课程改革要求高校革新教学评价方式，不再单一地看重学生的知识记忆能力，而是要提高学生的学习能力，促使学生全面发展，提高综合素养。课程改革要求高校教师能够适应环境变化，掌握新的教学方法和手段，具备创新教学思维。

（二）教师专业发展对教师的期待

目前，教育教学领域的热点话题众多，教师专业发展就是其中之一。在该领域内，相关研究者普遍将教学能力发展作为核心，期待着教师专业能力以及专业素养的进一步提升，基于此，教师专业发展向教师提出了转变教学角色、更新专业知识、增强创新意识、实现终身学习的发展要求。增强教师的创新意识与能力是全面系统增强学生创新能力的前提条件，不仅如此，培养创新型教师还有利于促进学生实践能力的提升。为了促进教师与学生、教师与教师之间的双向互动，教师应当不断增强教学交往能力。传统教学模式下，教师是课堂的绝对掌控者，要想推进教师专业发展，就应当及时转变教师角色，促使教师成为学生学习活动、日常生活中的引导者、指路人，给学生更大的自由实践空间。除此之外，教师还应不断提高科研能力和水平，以其较高的信息素养为学生不断挖掘教学资源，不断增强教学资源的时代性。教师应当在教学中善于总结，有效积累教学经验并将其应用于下一阶段的教学研究工作，实现教学与研究的双向促进，不断增强自己的教学能力、提升自己的教学专业水准。

（三）信息化社会对教师的挑战

在社会各大领域中，教育关系着人类社会的未来发展，是国家人才建设力量的重要来源和途径，要想实现社会的信息化，就应重视教育领域的信息化；而在教育领域，教师直接与学生接触，对人才培养的影响十分深远，所以教育信息化的关键就是教师信息化。教师要积极面对信息化社会带来的挑战，学习并掌握、运用现代信息技术，不断增强教师的信息素养。

信息时代，技术的进步推动社会各行各业向着更加精细、专业的方向发展，教育领域中人们更加重视教师的专业发展，一些国家积极应对挑战，进一步细化有关教师专业能力的标准，为实现教师信息技术能力的提升奠定基础。比如，新加坡开展 MP 项目、美国开展 PT3 项目。提升教师信息能力专业化发展已经成为国际教育共识，各国不断完善国家教师能力标准细则，联合国教科文组织更是发布了《信息和传播技术教师能力标准》。

二、信息化教学能力培养对教师教育水平的影响

（一）有效提高教学实际工作的灵活度

推进信息化教学能力培养，有利于满足社会发展对人才培养的需求，有效提高教学实际工作的灵活度。在教学实际工作中，教学方式的固化、教学方法的单一化都是灵活度较低的典型表现，在这样的课堂中，学生的学习积极性与自主性较低，对参与教学活动的兴趣不大。在现代教育环境下，传统教学方法已经不能完全适用，传统教学模式下，教师对学生的能力评估不能进行精准判断，这就使得教师的教学方法有失科学性。因此，信息时代背景下，教育应当摒弃以前的无差别教学法，更为灵活地为学生提供个性化教学。在此过程中，教师不仅要及时转变教学思维、创新教学方法，还要及时调整

教学内容。为有序合理提升教学质量，教师应当利用各种信息技术手段，不断提高教学效率与质量。

（二）有效增强教学实际工作的针对性

信息时代背景下，教师能够从更多平台获取教学资源和信息，不同专业科目的教师可以通过网络平台、数据库等检索相关信息，根据教学目标与学科教学要求，从中选取合适的内容融入原有教学内容，最终形成极具特色的专业科目教学体系。在这个过程中，教师不仅增强了教学实际工作的针对性与实效性，还实现了自身专业素养的提升，有效增强了自己的信息能力。得益于众多教育教学信息技术的出现、发展，教师能够建立线上线下相融合的教学方法体系，增强传统教学模式下单元化教学的针对性。这样一来，传统教学的形式与内容都能实现一定程度的创新，有利于教育教学与现代社会接轨。

三、教师信息化教学能力培养面临的问题与困境

（一）信息化教学培训资源支持不足

推动教师专业发展，提升教师教育教学能力，应当给予教师充足的资源支持。从目前的情况看，信息化教学资源供给力度相对不足，主要采取政府主导的运行模式，主导方对信息化教学实践的认识相对缺乏精准性、系统性，这就导致某些教育教学具体领域的资源匹配失衡，尤其是在教学培训领域尤为突出。这样一来，教师开展信息化教学的资源基础就变得相对薄弱，教师信息化教学的能力提升空间自然也就变小了。另外，各个院校对信息化教学的重视程度不一，这就导致各院校分配给信息化教学资源的分量不一，有些院校相对忽视培养教师的信息化教学能力，在一定程度上限制了信息化教学的推进，不利于教学工作的现代化，也不利于增强教学体系的时代性。

（二）信息化教学考评机制尚不完善

从目前的发展形势来看，面向教师开展信息能力考核是完善教学考评工

作的应有之义，有利于提高实际教学工作的科学性。由于我国信息化教育发展起步较晚，各地区对信息化教育资源运用能力不足，导致教师信息化教学考评逐渐形成一种形式，无法从根本上发挥教育考核评价的作用，最终影响教师信息化教育能力与质量①。另外，现有的信息化教学考评机制受外界因素影响较大，考评结论的参考价值其实相对不高，结论的不可靠性就使得整个考评过程失去意义，最终只会使信息化教学能力考核过程流于表面，实践性与科学性大大降低。基于问题分析，学校、政府等应实现良好沟通，积极构建完善的细腻化教学考评机制，对教师的信息化教学能力、信息化教学实际成效进行评价，并基于结论分析开展信息化教学，及时调整工作形式和内容。

（三）信息化教学实践应用形式滞后

目前来看，大部分院校开展信息化教学之前都未能对其进行深入理解与研究，许多教师常常在教学中将单纯的信息技术应用看作信息化教学的重点步骤，这样的信息化教学其实是不完整的，缺乏体系建构，也不能实现信息化与教学的有机融合，对教学质量提升收效甚微。理念理解不到位、资源分配量不足，这种种原因导致信息化教学的实践形式缺乏合理性，教师在教学过程中不能充分发挥信息教学的优势，不能有效提升各个科目的教学质量。在此基础上，各地政府与院校应当根据本区域经济、技术发展水平，制定与之相适应的信息化教学标准，不断更新信息化教学的技术手段、指导理念，积极创建多元化信息教学体系，加速信息化教学在实践应用形式等方面的进步。同时，应及时创新现有信息教学应用形式，朝着信息化教学的终极目标迈进。

（四）信息化教学实践管理意识缺失

在实践过程中，合理的管理运行模式有利于增强整个活动的有序性，信息化教学实践也不例外。从教师角度分析，有效的信息化教学管理能够帮助其深入了解学生的真实学习情况，有利于其在一定程度上提高教学效率与质量，最终为实现个性化教学、差异教学提供系统化建议和现实基础。从目前

---

① 朱闻亚. 教师信息化教学能力培养探析［J］. 黑龙江教师发展学院学报，2021（2）.

的信息化教学体系建构情况分析，各个院校注重信息化教学实际工作过程与具体应用，相对忽视了教学管理工作体系的建构，信息化教学管理缺乏理论依据和经验支撑，管理意识相对薄弱，这都在一定程度上阻碍了信息化教学的科学有序发展和进步。基于上述问题分析，各地方政府与院校应积极配合，不断增强信息化教学管理意识，构建完善的信息化教学管理体系，逐渐增强教育的科学性。

四、高校教师信息化教学能力培养的基本要求

要想实现现代社会环境下教育的进步，就必须推进高校教学改革工作的开展，教师在教学实际工作过程中应彰显并尊重学生的学习主体性，以激发学习兴趣为前提不断提高学生的独立思考能力，采用创新性的教学方式与方法，推进高校教师专业发展。为此，高校教师应从以下两个方面入手开展教学工作。

首先，以培养创新型人才为重要目标开展信息化教学工作。在信息化教学语境下培养学生的创新能力与意识，教师应首先进行学情调查与分析，学生在日常生活中能收到各种各样的信息，不同学生的学习与理解能力不同，所拥有的信息处理能力以及内化信息能力也存在差异，教师基于学生群体信息素养分析，根据具体学科的教学目标和任务制定相应的信息教学计划和方案。在培养创新型人才的过程中，教师应增强信息化教学的实践性，凭借高校教学改革的东风，积极提升自身信息素养，树立终身学习意识以实现自我完善，将信息化教学与实际生活相联系，延伸教学课堂，促使学生满足在实际生活中的信息需求。

其次，充分认识并深入把握信息化教学与以往传统教学工作的差异。信息时代背景下，高校教师的教育对象悄然改变，即大学生的主要特征出现了一定的变化，比对传统教育对象而言，现如今的大学生思维方式是跳跃性，呈现的是超文本的阅读和思考特点，更加追求视觉冲击以及多种感官刺激，表达中则是倾向于视觉化以及图表化[①]。正如马克·普连斯基的观点，现在的

---

① 赵婕. 高等院校教师信息化教学能力培养的探索与实践 [J]. 产业与科技论坛，2019（14）.

大学生一般都是"数字土著",他们成长的环境遍布信息与网络技术,发展信息化教学不仅要了解信息技术,还要实现熟练运用信息技术。在教学过程中,教师应当尊重学生的信息学习需求,以激发学生参与教学活动的兴趣为出发点,促使学生提升在教学课堂与线上课堂的专注度,使其不断拓宽信息视野,有效提升信息教学效率和质量。

五、高校教师信息化教学能力培养的基本路径

(一)科学划分教师培训阶段

信息技术可以提高信息传播速度、增强信息传播途径,对于高校而言,应用信息技术教学可以改善传统的师生关系,增加教师和学生互动的机会,让学生和学生直接的关系由原来的竞争性、独立性学习,也变成合作性、互动性学习,教师和教师之间也可以更好地互动、交流。因此学校可以从四个方面划分培训阶段,并详细设计培训阶段内容,创新培训模式,既基础信息技术理论知识普及和学习、信息教学资源设计和开发、教学综合平台应用能力提升和教学模式改革等。其中,基础信息技术理论知识普及属于培训开始阶段,该阶段培训内容主要有现代化教学理念明确、信息技术理论、信息化教育环境塑造、计算机基础知识和技能,以此为后期教师信息化教学能力提升奠定知识基础。其中,信息教学资源设计和开发属于培训重点阶段,该阶段主要培训内容有多媒体设计和教学、网络信息教学资源整合和优化设计、教学教案设计等,当高校教师全部掌握该部分培训内容后,还需要对教师进行定期讲评,从而提升教师的信息设计开发能力。其中,教学综合平台应用能力提升和教学模式改革是关键培训阶段,该阶段主要培训目的是提升教师的教学能力,主要内容有利用信息技术促进教学改革、信息化教学设计和评价、信息化教学实践活动的组织和开展、信息化教学模式和创新[①]。

---

① 张英杰. 高校青年教师信息化教学能力评价及提升策略 [J]. 金华职业技术学院学报,2019(3).

（二）利用校本信息技术资源

利用信息技术教育资源组织校本培训活动，比如，信息化教学等级培训、专家知识讲座、信息技术成果交流分享会、示范公开课培训等。以信息技术为项目核心开展组织项目培训。比如，在某校设立信息技术创新创业工程组织，并基于项目式的培训，通过完成项目来提升教师的信息化教学能力。或者组织校内学科教师开展市级教育厅或者教育部门组织的项目工程，从本质上提升教师的信息化教学能力。通过行业协会组织的力量，鼓励高校教师积极参加各种协会学术和探讨会议，比如，学校可以鼓励学科教师积极参加我国信息技术协会、校级学术研讨会、省级信息技术教育专业委员会等组织培训，让教师在合作交流中提升自己的信息技术应用能力。比如，学校可以出版印发一些培训材料，学校可以根据教师培训经验，编写培训教材，将信息技术教育基础知识、多媒体教育技术作为教学资源，并在信息技术培训领导小组的带领下开展多个信息技术教育中心、培训中心。在开展后，学校也需要安排一些管理者开展日常的信息技术培训工作和管理工作，并在此基础上制定一系列信息技术教育培训指导制度。

（三）建立健全教师培训制度

在高校教师信息化教学能力的提升过程中，学校的信息化培训课程是一个十分重要的手段，但目前高校信息化培训情况不容乐观，很多高校目前一年组织一次培训，缺乏广泛的参与基础，很多高校教师仅仅是自学信息化教学，无法将信息技术很好地融入本学科的教学之中。网络时代，能够使用到教学当中的新技术、新思想日新月异，但是由于教学工作事务繁杂，教师也无法及时地学习，导致高校教学始终落后于信息化时代发展，教学氛围沉闷枯燥，使学生丧失了学习的兴趣。因此，学校在设置培训课程体系时，首先需要规划一定的规章制度要求老师参与到信息化培训当中，使高校教师强化信息意识，主动参与信息化培训课程[①]；其次学校在设置课程内容时，根据已有的教学工作规范，要加强教师联系时代需要的能力，加大有关于计算机技

① 朴金龙. 高校教师信息化教学能力培训课程体系的构建［J］. 新教育时代电子杂志（学生版），2021（31）.

术应用、英语知识水平的提升、信息检索知识的高级运用相关专业知识的学习，无须外部监督，让教师积极主动地参与到培训当中，从而实现教师创新能力的真正提升；此外培训制度中应当强调教师的基本信息素质，把信息化教学能力纳入考核评价制度中，从开展高校素质教育、培养创新教师团队的角度来思考问题，使信息化教育能力水平的提高成为教师职业发展的内生动力，构建教师终身学习、积极进取的思想意识。

（四）搭建教师学习交流平台

教师在开展信息化教学的过程中仅靠自己实践、摸索是不现实的，不仅需要借鉴他人的成功经验，还要就当下阶段与其他教师展开交流，借此不断完善自己的信息化教学工作。基于此，应当面向教师建设与之相关的交流与学习平台，教师通过参与竞赛、参加讲座、加入线上培训等形式互相交换教学心得与感悟，检查教学盲区并及时补救。同时，积极开展互动交流有利于教师追赶时代潮流，不断更新信息化教学理念，促使自身信息化教学能力得到提升，在相互学习与借鉴过程中实现成长和进步，最终通过多方主体的努力不断推进教师专业化发展进程。

面向教师搭建并完善信息化教学学习与交流平台，有助于在教师群体中形成乐于交流、积极创新的氛围，有利于教师在信息化教学活动中不断尝试新方法、不断应用新思路，这不仅有利于教师转变教学工作思维，还有利于教师带动学生积极创新，促使学生增强自身创新意识与能力，最终促使教师根据教学实际打造更为系统全面的信息化教学体系。

第三节　高校教师专业发展探索

一、教师专业发展的内涵解读

为了迎合现代社会发展对信息化教学提出的教学要求以及人才需求，推进教师专业发展势在必行，该举措有利于拉近教师实际素养与期望素养之间的距离，促使教师的专业教学能力不断提升，最终使其成为专业的教育教学人才。教师的专业发展过程注重发展教师的知识、精神、技能、自我，这个过程并不是一蹴而就的，也不是一次性的，需要教师在不同执教阶段实现自我提升。叶澜等学者认为，从历史发展的总趋势来看，教师的专业发展及其研究经历了由被忽视到逐渐关注、由关注教师专业群体的专业化到关注教师个体的专业发展、由关注专业发展的外部环境和对社会专业的认可到关注内部专业素质提高的过程。

二、教师专业发展的阶段划分

教师专业发展是一个持续社会化和个性化的过程，在不同时期呈现出不同的特征。国内外研究者对教师专业发展的阶段性进行了深入研究，提出了不同的发展阶段论。20 世纪 70 年代，以富勒为代表，美国学者根据关注对象差异将教学专长分为三个阶段。其一，教师的关注目标主要是"生存"，处于这一阶段的教师大部分属于新入职教师，他们通常在不久之前才结束学校学习生活，对于教师这一职业的认识相对不深刻，缺乏实践经验。在该阶段，教师不仅要关注教学工作，还要关注人际关系的维护等方面，最终适应教学工作并协调好工作与生活。其二，教师的关注目标主要是"情境"，处于这一阶段的教师有了教学专业能力上的提升，教师将更多注意力转移到教学工作本身，关注学生学习情况以及授课效果等。其三，教师的关注目标主要是学生，处于这一阶段的教师逐渐进入差异教学过程，尊重并深入了解学生之间的差异，不断发展教学专长。以上阶段划分的主要现实依据为经验，这种阶段划分是一种比较简略的划分，这些理论为后来教师教学专长发展的研究提供了新的思路。

三、教师专业发展的特征分析

教师在参与专业发展、提升自身能力的过程中是有意识的，教师拥有较高的主观能动性，教师的一切活动都是在一定目标指引下进行的。通常来说，教师专业发展的目的是提高教师的专业度和熟练程度。教师专业发展向教师提出了自觉的要求，要求教师更新知识、反思教学、实现知识转化。只有在这些自觉中，教师才会深化自己的专业认识（如对专业自我、专业角色的认识，对教育、学校的理解以及对所教学科在学生成长与发展过程中的价值的认识等），提高自己的专业素养。

要想实现专业发展目标，就必须持续性开展相关活动。社会实践处于不断变化之中，教育也不例外，鉴于社会环境、经济条件、技术手段的动态变化，教师专业发展也应根据现实条件不断实现调整和进步。随着技术的进步，人们能够揭开更多秘密，这就要求教师要在专业发展的过程中不断增加知识储备。随着实践的变化，教学领域还会出现一些先进理念，教师应乐于接受并积极运用教学新理念实现教学实际工作的进步，不断学习，不断实践，不断创新，不断利用外部资源和条件进行优势积累，尤其是不断实施自我监控、自我调节和自我超越。

教师专业发展是一个复杂的过程。教育本身的复杂性决定着教师专业发展也是一个复杂的过程，与其相对应，一位教师从走上讲台到成为一名成熟的专家型、学者型教师，需要经历漫长而复杂的成长过程。这一过程的复杂性不仅在于实践性知识形成本身的复杂性、教学知识向教学能力转化本身的复杂性，还在于教师的教育对象和教育环境不断变化呈现出的复杂性。在这一复杂的发展过程中，需要教师持续不断地努力和投入、不断地探索和研究，因此，敬业精神在教师的专业发展中发挥着重要作用。

四、教师专业发展的路径探究

（一）提高教师教育理论素养

从教师自身分析，个人教学理念的更新对于实际教学工作具有良好的引导作用，有利于为其教学过程指明方向。在当前环境下，社会各行各业的交流日益频繁，行业之间的融合逐渐演变为信息与信息的碰撞、结合，教育领域也不例外。在教育教学工作中，各个具体学科发展融合的趋势日益明显，因此，要实现教师专业发展，就必须顺应学科融合趋势。教师应当积极学习其他具体学科的相关专业理论，包括教育学、心理学等，不仅关注教学过程中的知识传授，还要关爱学生心理健康，在遵循教学客观规律的基础上不断提升专业教学素养。在实际教学工作中，教师应深入学生群体，通过社交平台、课堂活动等促进师生双向互动，在不断完善自我知识体系建构的同时，也要担当好学生成长道路上的引路人这一角色，在教学实践中不断精进教学理念，在理念引导下开展科学、有序的教学活动。为了避免重大教学失误，也为了不断提高专业教学水平，教师应当多多阅览教育学名著、积极借鉴前人的成功经验、吸取教训，这有利于加速教师专业发展过程。

（二）提高教师专业实践能力

在实践活动中不断提升教师的专业能力，国家、院校、教师群体以及个体等都要采取一定的措施。从国家角度分析，语文教师入职应当持有二甲及以上等级的普通话证书，这是因为普通话的适用范围更广，能够避免教师使用方言讲课带来的不便，还有利于引导学生规范读音，便于学生掌握相关基础知识。其他学科教师入职应持有二乙及以上等级的普通话证书。从院校角度分析，为推进教师专业发展不仅要在课程体系建设上下功夫，还要完善校园文化建设，开展形式多样的实践性教学活动。从目前的教师课程来看，不少院校为了提高未来教师的书写能力与规范性，纷纷开设了"三字一话"课程，以师范类院校居多。这种课程不仅能够使未来的教师书写规范字，还有利于增强其板书、钢笔字、毛笔字的美观性，也属于教学专业能力提升的组成部分。从教师群体角度分析，教师与教师之间应当加强互动与交流，不仅要在同一科目领域内实现互动，还要具有跨学科学习与交流意识。教室内部应当成立科研小组，组内成员不仅可以就教学具体工作和环节展开讨论与分析，还可以协力开展教学研究工作，不断实现教研成果的实际应用和转化。从教师个体角度分析，每位教师应当根据班级学生的实际学习情况制定相应的教学具体方案，在上课之前通过听优秀教师讲课、练习实际教学环节等方式增加自己上课的娴熟度，通过与其他教师的合作与互相评价，取长补短，弥补不足，实现创新与进步。

（三）发展教师具体教学技能

培训是推进教师专业发展进程的重要手段与途径，教师在入职之前都要经过一段时间的培训，这是保证在职教师基本素质的重要前提。一般来说，教师入职培训内容包括道德修养、教学技能等方面，以实现教学思想觉悟的提升、教学专业水平的提高。向榜样学习是该过程中实效性极高的方式，待上岗教师可以通过观摩优秀教师的教学课堂学习新技能、新方法。基于入职培训的重要性，无论哪一学科的教师都应重视培训并以积极主动的态度接纳、学习，最终实现自身专业能力的提升。发展教师专业技能需要国家给予一定的支持，国家相关部门应当增加这方面的资金支持力度，促使各个院校能够借助其支持力量开展、参与跨院校、跨区域交流活动。不难想象，此类交流活动将会吸引众多教育工作者、研究者参与，优秀人才之间的交流更能激发思想的火花，有助于不断推进教育教学工作的进步。在面对此类活动时，教师应当抓住机会，不断学习其他优秀教育工作者的先进教学技能、方法等，不断提升自己的专业发展能力。

（四）促进教师积极进行反思

反思活动是实现自我提升的有效途径，教师要想实现自身的提升，也应当具备反思意识并从实践活动中实现自我发展。通过反思行为与过程，教师能够不断提高自己独立思考的能力，有助于自己不断加深对班级业务与教学工作的全面把控，促使自身各方面素质的提升。在正式授课之前，教师应积极备课，根据以往备课效果以及课堂讲授经验适时调整教学方案，不断增强教学计划的实用性，通过反思教案实现课堂准备工作的完善。在日常教学与研究工作中，教师应及时记录教学活动与行为，在教学流程末尾阶段及时进行总结，通过观察、分析记录材料及时发现自己的教学问题，通过网络教学平台等及时补充相关专业知识，不断完善自我教学能力。教师的反思还能够在与其他主体的交流过程中完成，基于此，学校应协助其开展形式多样的教学工作研讨会议或者班级活动，通过与其他教师、班级内学生的交流实现自身能力的提升，实现取长补短、教学相长的反思效果。

（五）完善教师能力评价流程

参与评价活动是实现自我发展与提升的重要手段，不仅有助于教师回顾教学活动从而获得全面的认识，还有助于降低教师对自身教学活动认识的主观性，增强教学效果结论的客观性、科学性，而这一切实现的前提应当为多角度、多层次教学评价体系的建立。在评价过程中，应实现多主体评价，应当结合学生、教师自身、合作者以及管理人员的评价进行综合分析，将他人评价与自我评价、结果评价与过程评价有机结合，构建全面系统的教学评价体系，增强评价工作的科学性与合理性。这样一来，教师就能收获更为全面的评价信息，有助于教师站在不同视角思考并破解教学问题，从而不断提升自己的专业教学素养。基于此，建立科学的评价标准体系十分必要，这是教师教学实际工作的努力目标，也是教学评价结论具备科学性的重要保障。在阶段性评价过程中，应当采取定量与定性评价相结合，基于教师专业发展的总目标，促使教师转变教学评价思维，鼓励更多主体参与教师专业能力评价过程，通过多方的共同努力实现教学水平的提升。

1. 在入职前开展评价工作

要促进教师在专业发展过程中不断发现问题并能弥补缺陷和不足，就需要使用一定的工具对评价进行反馈。对于学校来说，可以通过对教师在教学上的评估和学生对教师教学反馈，并针对学校为教师专业发展提供的项目和资源展开评价工作。入职培训课程是教师应当接受的学习机会，课程设置的合理性与科学性直接影响到上岗教师的专业素养水平，基于此，学校也应当针对入职培训课程进行全面的评价，采用多项标准全面判断其是否顺应教师专业发展的目标需求。除此之外，还应当采用激励手段鼓励教师向优秀教师看齐，通过奖金、荣誉授予等方式为其他教师树立榜样，促使其他教师积极学习先进教学技能、贯彻先进教学理念，在整个教师群体中巩固终身学习的意识。开展入职培训课程评价，有利于减小培训压力、指明培训具体方向，促使教师更加重视学生的学习需求，不断增强其内心为学生提供优质教学服务的意识。

2. 在入职后开展评价工作

以试用期为界，教学评价工作应当根据教学实际情况及其变化展开。评价入职教师的主要内容为教师工作表现、招聘行为收益这两个大方面。具体来说，评价教师工作表现包括其对新工作环境的适应性评价、工作成效评价等内容；评价招聘行为收益主要从成本评估、收益分析这两个角度展开评价工作。科学有效的评价制度是进行有效评价的重要保障，因此，校方应不断完善具体评估制度与细则，针对处于试用期的教师建立健全评价规范与准则，促使实际教学评价工作全面、精准开展。在试用期结束后，校方也应根据其教学表现、合作者评价、管理人员评价等对教师进行入职评估，得出考核结果。

为了实现新入职教师能力的迅速提升，学校应当制定青年教师成长计划，以其制度、标准引导青年教师不断成长。从目前的学校课程体系来看，许多高校都为学生设置了创业与就业课程，意在引导其人生就业选择，为其指明人生发展方向。然而，对于青年教师来说，他们初入教学领域也需要得到一定的指导和建议，基于此，校方应面向教师设置职业发展规划课程，为教师专业发展指明方向。具体来说，该课程设置的重要作用为引导，引导教师以更为全面的视角认识教学活动与教学生涯，引导教师根据自身发展特点制定与之相适应的发展计划，引导教师确定阶段性发展目标以及终身职业发展目标。在此情况下，学校作为青年教师的聘用方，应当提高用人责任意识，在青年教师客观发展规律的基础上为其制定全面的发展计划，和教师一同探索教师专业发展路径和具体措施。对于高水平学校而言，建立一支专业水平较高的教师队伍十分重要，这是保障教学质量、稳定教学秩序、巩固教学成果的有效措施，基于此，高校应当建立并实施更为完善的教师聘任机制。在具体的选聘过程中，学校与入职教师应当互相尊重，以平等姿态实现有效沟通，交换双方信息以便于校方判断聘用与否。

3. 针对教师建立发展性评价机制

从目前的教学能力评价过程来看，很多学校都是基于教师阶段性教学成果开展评价工作，比如年度评价、季度评价等，很少有高校对教师的发展与成长可能性进行评价，这种发展性评价机制的缺失在一定程度上不利于青年教师发展教学专业能力。发展性评价是一种可能性评估，是以教师现在的教学情况为依据开展的动态评价活动。综合教学短板与优势分析，教师能够及时发现自身潜能并实现专业能力的优势发展，还可以发现教学短板，使其在教学错误出现时就能够及时改正，最终实现教学专业能力的提升。发展性评价重视教师也关注学生，这个过程不是单纯针对教师的评价过程，还是完善校本教研工作、实现师生共同发展的重要过程。

（六）加强教学生态环境联系

在人类社会中，生态文化建设实现了环境、教育、人的有机统一，其重视人与自然和谐相处，关注人和教育、自然之间的关系变化。在教师专业发展中加强教学生态环境联系，就是加大生态文化建设力度，该举措带来的影响具有连贯性和深远性。第一，受生态文化建设影响，人与自然和谐相处的文明理念更加深入人心，有利于转变部分民众的生态价值观念；第二，有利于减少人类社会的过度自我意识，改变传统社会中"人是自然界的主宰"的错误观念，促使人们以更加科学的观点认识世界、改造世界；第三，有利于加深人们对世界普遍联系的认识，使部分人摒弃割裂的思维方式。

1. 营造适宜环境

坚持正确理念是顺利开展实践活动的基础，理念发挥着指导作用，正确的教学理念为教学实践活动的开展提供了正确的方向指引。要想在教师专业发展中融入生态文化建设，就应当实现对生态文化理念的深入剖析、广泛传播，促使各主体充分接收信息，使教师、管理人员在教学领域秉持发展观点，以发展的目光、生态的观点看待教学工作，实现各主体在教学系统中的共同促进、协同发展。

2. 增大辐射力度

基于互联网与信息技术的发展，推进高校教师专业发展应当实现信息的广泛传播与广泛接收。当下，知识的更新换代速度非比寻常，人们借助科技的力量不断激发新思想、获得新成果，整个社会都呈现出一种融合发展的趋势，教师专业发展也应顺应信息时代与融合发展的潮流，不断增强教师专业发展的时代性、综合性。从学校角度分析，高校向社会输送人才的功能依旧没有发生变化，但随着信息时代的到来，高校运作模式应当更具开放性，应当实现与社会主体之间的紧密联系，促使教学与社会实践活动相联系，增大辐射力度，最终实现高等教育的普及化。

3. 丰富生态环境

从生态的角度分析，高校本身就是一个生态系统，其中包含着教师、学生、管理者，还连接着政府、国家、家庭、市场等社会存在，可以说，高校这一生态系统具有多维性、多元化特征，而教育就是调配、影响这一生态系统重要活动。

高校这一生态系统包含众多子系统。高校与外部社会环境连接的部分可看作子系统之一，教育活动是该子系统的中心活动，是实现内外部环境融合并促使其规范发展的重要动力；单个高校也可以是该系统中的子系统，在此视角下可对该高校内外部环境条件展开分析；人也是系统中的子系统，将其作为子系统中心展开分析有利于明确教育活动中的各种心理、生理因素。

在高校环境中，生态不仅指的是环境生态，还指的是教育生态，也就是说，高校生态系统是生物意义与智力意义两大层面的交融。所以，在推进教师专业发展的过程中，高校应当结合各种生物与智力因素，将人、学术、环境紧紧联系在一起，通过交换、能量变化等过程催生具有强劲生命力的子系统，实现高校教学工作的进一步发展。

各个高校中，无论群体还是个体都是相对自由的，都属于学术生态环境中的重要组成部分，高校开展教育活动的重要目标之一就是实现学术自由，这也是推进教师专业发展进程的重要目标，是各个高校教师实现角色价值的必然要求。从学术的生态视角分析，教学就是将真理传授给学生或者引导学生发现真理的过程，教育活动应当赋予教师高度自由，促使教师实现发展教学能力、参与科研活动的自由。基于此，现代教育教学体系应当打破传统教学模式的束缚，为教师提供更大的选择与发展空间。需要注意的是，这样的自由并非没有限制，对社会有害的自由行为应当被禁止。

从生态文化建设的角度来看，教育的重点之一是人的自发性，面对信息与网络环境，人能够发挥主观能动性检索、探究、整合信息，最终实现自我发展，人与教育、环境的统一协调正是通过人类个体的努力实现的。在高校开展校园生态文化建设，应当结合道德素养与学术素养两大层面培养人才，促使教师与学生树立正确的世界观、人生观以及价值观。

基于上述分析，回归内心的重要前提条件是对教师内心世界的深入了解，只有回归内心才能使教师获得对生活的深刻体验，才能使教师不断夯实专业发展能力提升的基础。对于教师来说，开展以自我导向为本位的教师专业发展，能丰富和加强教师的生活经验，这不仅能为教师积极参与教师专业发展活动打下基础，也为其提供了活动的内容①。在这个过程中，教师对重要日常生活内容的察觉是最要紧的环节，如果教师对其敏锐度不足，也就无法发现自我发展在日常生活中实现的可能性，基于此，教师应当以自我导向为宗旨，充分揭示并利用关键时间、加强教学生态联系、缓解自身存在的价值冲突、积极顺应教学改革趋势克服发展难题。

---

① 李伟，周军强. 教师培训政策的失真与改进：渠道理论的视角［J］. 教师教育研究，2014（1）.

参考文献

［1］韦荔甫. 产品检测与质量管理［M］. 西安：西安电子科技大学出版社，2018.

［2］雷炜. 高等教育质量保障体系研究［M］. 杭州：浙江工商大学出版社，2020.

［3］连城，岳江红，刘东，等. 高校教育信息化建设与应用［M］. 北京：知识产权出版社，2012.

［4］张露汀，杨锐，郑寿纬. 高校教育教学创新研究［M］. 吉林人民出版社，2021.

［5］吕村，谭笑风. 高校教育管理与教学研究［M］. 长春：吉林文史出版社，2021.

［6］刘思延. 高校教育教学管理实践与创新发展［M］. 哈尔滨：哈尔滨出版社，2021.

［7］丁兵. 当代高校教育管理研究［M］. 西安：西北工业大学出版社，2019.

［8］汪文娟，何龙，杨锐. 高校教育管理创新研究［M］. 北京：北京工业大学出版社，2018.

［9］陈晔. 新时期高校教育管理实践研究［M］. 北京：现代出版社，2019.

［10］刘萍萍，何莹. 现代高校教育教学管理现状与创新发展［M］. 中国原子能出版社，2021.

［11］关洪海. 高校教育管理与创新实践研析［M］. 北京：冶金工业出版社，2019.

［12］何玉海. 高校教育评估标准品质、属性、体系及其建设［M］. 上海：上海三联书店，2019.

［13］王荔雯. 移动互联网时代高校教育管理模式改革与实践研究［M］. 中国原子能出版社，2019.

［14］ 孙锐，杨程菲. 基于国外经验的我国高教质量保障对策研究［J］. 中国成人教育，2016（22）.

［15］ 吴建伟. 国外高等教育质量保障体系的比较与借鉴［J］. 科教文汇，2011（6）.

［16］ 余小波. 高等教育质量概念：内涵与外延［J］. 新华文摘，2006（3）.

［17］ 洪剑锋，屈先蓉，杨芳. 互联网时代下高校教育管理与评价创新［M］. 延吉：延边大学出版社，2021.

［18］ 杨扬. 高校教育管理信息化创新发展策略［J］. 现代企业，2020（3）.

［19］ 吕浔倩. 信息化高职教育教学管理研究［M］. 西安：西北工业大学出版社，2019.

［20］ 李玲. 高校学生管理工作创新研究［M］. 长春：吉林人民出版社，2020.

［21］ 钟亮. 现代高校教育之理性思考［M］. 长春：吉林人民出版社，2019.

［22］ 吕作为. 大数据环境下高校教育管理信息化发展之路［J］. 齐鲁师范学院学报，2022，37（2）.

［23］ 刘叶. 大数据时代下高校教育管理工作优化路径探析［J］. 黑龙江科学，2022，13（5）.

［24］ 李灵曦. 大数据对我国高校教育管理的影响及对策研究［J］. 中国管理信息化，2022，25（2）.

［25］ 唐亭婷. 大数据时代高校学生教育管理工作个性化研究［J］. 高教学刊，2021（7）.

［26］ 邹太龙. 大数据时代高校教育管理的可能走向及实现路径［J］. 高教探索，2017（11）.

［27］ 何克抗. 从"翻转课堂"的本质，看"翻转课堂"在我国未来的发展［J］. 电化教育研究，2014（7）.

［28］ 汪基德. 从教育信息化到信息化教育：学习《国家中长期教育改革和发展规划纲要（2010—2020 年)》之体会［J］. 电化教育研究，2011（9）.

［29］ 黄荣怀，陈丽，田阳，等. 互联网教育智能技术的发展方向与研发路径［J］. 电化教育研究，2020，41（1）.

［30］ 刘军. 智慧课堂："互联网＋"时代未来学校课堂发展新路向［J］. 中国电化教育，2017（7）.

［31］张学新. 对分课堂：大学课堂教学改革的新探索［J］. 复旦教育论坛，2014（5）.

［32］李建铁. 基于"对分课堂"创新思想政治理论课的教学研究［J］. 教育观察，2015（8）.

［33］刘锡冬. 基于 MOOC 的高职开放式课堂的构建［J］. 中国成人教育，2015（19）.

［34］程夏艳. 英语教学中对分课堂的研究［J］. 教学与管理，2019（12）.

［35］赵金子. 对分课堂在研究生思政课教学中的创新应用［J］. 思想政治教育研究，2020（4）.

［36］赵作斌，牛换霞. 开发·内化·创新——高校课堂教学模式新探［J］. 中国高等教育，2019（7）.

［37］马汉达. 混合式学习在高校日常教学中的应用研究［J］. 实验技术与管理，2013，30（8）.

［38］刘艳艳. 混合式教学模式在高职教育中的应用研究［J］. 山东纺织经济，2015（10）.

［39］王晓娟，韦韫韬，张立铭，等. 地方高校混合式教学模式现状分析及对策研究［J］. 计算机时代，2021（9）.

［40］张晶. 应用型人才培养典型问题的调查［M］. 北京：中国财富出版社，2017.

［41］杨德广. 高等教育学概论［M］. 上海：华东师范大学出版社，2002.

［42］周艳秋，曹永胜. 大学生职业生涯规划［M］. 北京：中央民族大学出版社，2015.

［43］张露汀，杨锐，郑寿纬. 高校教育教学创新研究［M］. 长春：吉林人民出版社，2021.

［44］杨荣刚. 试论新时期高校教师的角色定位［J］. 贵州民族学院学报（哲学社会科学版），2008（3）.

［45］熊荣元. 新形势下高校教师的责任、使命与角色定位［J］. 文山学院学报，2014（5）.

［46］刘杭，马鹤源. 高校教师的角色定位撷探［J］. 成才之路，2021（35）.

［47］赵小平. 浅谈新时代高校教师素质新要求［J］. 新商务周刊，2017（20）.

［48］朱闻亚. 教师信息化教学能力培养探析［J］. 黑龙江教师发展学院学报，2021（2）.

［49］赵婕. 高等院校教师信息化教学能力培养的探索与实践［J］. 产业与科技论坛，2019（14）.

［50］张英杰. 高校青年教师信息化教学能力评价及提升策略［J］. 金华职业技术学院学报，2019（3）.

［51］朴金龙. 高校教师信息化教学能力培训课程体系的构建［J］. 新教育时代电子杂志（学生版），2021（31）.

［52］金秋萍. 创新学［M］. 苏州：苏州大学出版社，2019.

［53］秦从英，李玉侠. 大学生创新能力教育教程［M］. 北京：现代教育出版社，2014.

［54］吕村. 高校教育管理与教学研究［M］. 长春：吉林文史出版社，2021.

［55］李时菊，袁忠，洪俐，林宇红. 创新与创业教育［M］. 北京：中国医药科技出版社，2019.

［56］杨曼英. 创新教育导论［M］. 长沙：湖南师范大学出版社，2009.

［57］何勇向. 论创新能力的培养［J］. 求实，2005（12）.

［58］蒋德勤. 大学生创新教育［M］. 北京：现代教育出版社，2012.

［59］王柏杨. 大学生社会实践创新分析［J］. 山西青年，2016（5）.

［60］黄楚文. 试论当代大学生社会实践的创新［J］. 韶关学院学报，2012，33（9）.

［61］王明磊. 新媒体时代大学生社会实践创新研究［J］. 福建茶叶，2019，41（4）.

［62］季成. 雨课堂在高校教学中的应用刍探［J］. 成才之路，2021（16）.

［63］武炫. 基于专业版雨课堂的课程混合式教学模式研究［J］. 辽宁广播电视大学学报，2020（3）.

［64］刘路星. "慕课教学"在高校中的现状及推广对策研究［J］. 吉林省经济管理干部学院学报，2016（1）.

［65］张欣，高淑玲. 我国大学慕课教学策略之研究［J］. 高教探索，2015（4）.

［66］王颖娜. 浅谈"慕课"对高校教育的影响［J］. 数字通信世界，2018（2）.

［67］黄清敏. "雨课堂"教学模式的有效性［J］. 黑河学院学报，2019（8）.

［68］孙喜军. 高校微课教学现状及发展对策研究［J］. 环球市场，2018（7）.

［69］高爱芳，李芸，陶然. 高校微课教学设计的创新研究［J］. 考试周刊，2018（60）.

［70］吴勇. 探究高校教育中物联网的应用［J］. 中国科技纵横，2017（3）.

［71］谷宜时. 物联网技术在高校教学创新中的应用思考［J］. 现代经济信息，2019（14）.

［72］周恕义，曹茜，金蕾. 高校教育信息技术应用［M］. 北京：北京工业大学出版社，2014.

［73］白亚波. 现代信息技术在高校教育教学中应用研究［J］. 数据，2021（8）.